研修
ファシリテーション
ハンドブック

参加者が自ら学ぶ「場」のつくり方・運営の仕方

中村文子、ボブ・パイク 著
WRITTEN BY AYAKO NAKAMURA　　BOB PIKE

日本能率協会マネジメントセンター

・・・・はじめに ・・・・・・・・・・・・・・・・・・・・・・・・・

「世の中から退屈で身につかない研修や授業をゼロにすることにお役立て
いただきたい」という想いで続けている、「参加者主体の研修手法」を開
発したボブ・パイクとの共著が、本書で4冊目となりました。

　今回のテーマは「ファシリテーション」です。

　ファシリテーションと言っても、ミーティングの場でのファシリテーショ
ンではなく、あくまでも研修など「学習の場におけるファシリテーショ
ンスキル」を本書ではご紹介していきます。

　ミーティングであれば、意思決定のプロセスや、アイデア創出のための
プロセスなど、確立されたツールがあり、ファシリテーターはそれを活用
するというイメージが強いかと思います。研修の場でも、そうしたファシ
リテーションのツールを使うことはできますし、役に立つことも多いのは
事実です。
　ですが、研修でのファシリテーションは、こうしたものとは異なる側面
もあります。

　参加者が安心して学べる環境をつくり出し、参加者が主体的に学びにか
かわり、気づきや理解を深め、職場に戻ってからの実践を確実にする――
それを体系的にまとめようと試みたのが本書です。

　ボブ・パイクの開発した「参加者主体の研修手法」には、「人に教えら
れるレベルに到達してはじめて、本当の意味で理解したと言える」という
考えがあります。表面的な理解や丸暗記などのレベルでは、到底他の人に
教えることはできません。理論を学び、解釈し、習得し、実践し、さらに
経験を重ねて検証し、「自分のものにする」過程が必要です。

この「ファシリテーション」というテーマでの執筆は、そのレベルへの到達が難しいことを、自分自身があらためて実感する経験にもなりました。「参加者主体の研修手法」の理論やテクニックとして、私自身がボブから学んだことは、たくさんあります。ですが、それ以外にも自分の経験から培ったコツやノウハウもあります。また、ボブが研修を行う際、理論としてまとめ、著作などに書き表していること以外にも、実践していることはたくさんあります。

　それらを言語化し、「参加者主体の研修手法」に基づいて整理し、再構築するのは、大きなチャレンジでした。

　「経験からなんとなく判断していること」は、再現性がなく、他の人に教えることもできません。

　ですが、理論に基づいていることは、再現性があり、他の人に伝えることができます。

　この本を手に取ってくださったみなさまに、それが伝わることを願ってやみません。

　オンラインのツールや、ラーニングテクノロジーの発達により、「一方的に伝えるだけの研修は必要ない」という考えが定着してきているように思います。

　だからこそ、研修講師には、研修をデザインすること、そしてファシリテーションを行うことで、「その場に人が集まるからこそ意義のある時間を創り出すこと」が求められています。

　ある意味では、講師として、伝えるだけの役割より、ずっと高いレベルに到達しなければいけないのかもしれません。

　でも、だからこそ、やりがいのある仕事なのではないでしょうか。

　本書をとおして、社内、社外を問わず、研修や授業を担当するみなさま

の成長やさらなる進化をお手伝いすることができればうれしく思います。

みなさまがより効果的な研修や授業を行うことで生じる、そのプラスの波及効果が及ぶ人数は膨大です。

「その一端を担える」ことを想像するとワクワクします。

本書をご活用いただき、集合するからこそ意義のある研修を創り出していってください。

ダイナミックヒューマンキャピタル株式会社

中村文子

CONTENTS

第2章 ファシリテーションをデザインする

2-1 アクティビティをデザインする

2-2 問いかけをデザインする

3章　ファシリテーションを実践する

3−1　アクティビティ・ディスカッションを効果的に運営する

3-4　アクティビティ・ディスカッション後のファシリテーション

第4章　ファシリテーションの応用
〜難しい場面・難しい参加者への対応〜

4-1　難しい状況・場面への対応

第 1 章

効 果 的 な 学 び を つ く る
研 修 フ ァ シ リ テ ー シ ョ ン の
基 本

Training Facilitation Handbook

1-1

なぜ、研修にファシリテーションが 必要なのか？

　研修講師にとって重要なことと言えば、「説明のわかりやすさ」や「プレゼンテーション力」などが真っ先に思い浮かぶ方が多いのではないでしょうか。そうしたデリバリースキルはもちろん重要ではありますが、それだけですばらしい研修講師だということは難しいのが現実です。効果的な研修を行うには、ファシリテーションが欠かせないのです。

　そもそも、研修の目的はどこにあるのか、という視点から、その理由をひも解いていきましょう。

本項の Key word

「研修の目的」
「成果」
「参加者主体の研修」
「脇で導く役割」
「ファシリテーション」
「集合研修の落とし穴」

なぜ、研修にファシリテーションが必要なのか？

話を聞くだけでは、行動変容は起こらない

　研修の目的はビジネス上の成果を出すことです。研修内容を「伝える」ことは目的ではありません。また、知識やスキルの習得も、途中の指標としては必要なものですが、最終的なゴールではありません。

　もっとも大切なのは研修に参加した人が、職場に戻って学んだことを実践し、ビジネス上の成果を出すことなのです。

　では、どうすれば実践につながるでしょうか？
　ポイントとして、次の３点が考えられるでしょう。

◎**実践（行動変容）につなげる３つのポイント**
　①学んだ内容を理解したり、スキルを習得したりできていること
　②①を記憶していること
　③実践しようという感情を伴っていること

　そもそも、研修終了後、研修で学んだ内容を覚えていなければ、実践しようという行動には結びつきにくいものです。すべてを覚えている必要はありませんが、要点を記憶していることは欠かせません。たとえば、リーダーシップ研修に参加した人が、部下と対話をする際、テキストに書かれている内容を確認しながら対話をする、というのは現実的には考えにくい状況です。ポイントは記憶していて、自分の言葉でアウトプットできるようになる必要があるでしょう。

　また、スキル習得にかかわる研修であれば、研修中にしっかりと練習を

行い、ある程度は成功できるレベルになっていないと、職場で実践するにはリスクが大きいでしょう。接客販売に関する研修に参加した人も同様に、研修テキストで確認しながらお客さまの対応をすることはできません。

　さらに、人は理屈だけでは、なかなか行動できないものです。研修で学んだことにメリットを感じ、「やってみよう」「実践して成果を出そう」などと思う感情が伴っていてはじめて、行動するのではないでしょうか。

　これらを達成しようとした時、従来の「知識伝達」のための一方的な講義では、限界があります。

　まず、講義だけではスキルの習得はできません。知識の習得は講義だけでもできると思われるかもしれませんが、一度聞いただけの情報では、理解を深めたり長期記憶へ定着させたりするのは難しいという、私たちの脳の構造を無視することはできません。

　さらに、はたして話を聞いただけで、「やってみよう！」という感情の変化が起きるでしょうか。

　講義だけでは、ビジネス上の成果につなげるどころか、それ以前の「行動変容」を起こすことすら難しい、という現実をまずは理解しましょう。

　なお、本書で提案するファシリテーターとしての講師の役割は、研修参加者の主体性を引き出す**「参加者主体の研修手法」**に基づいています。「参加者主体の研修手法」とは、研修中、講義を聞くという受け身の状態に終始するのではなく、**「自ら考え、理解を深め、活用を検討し、スキルの練習を行い、職場に戻ってからの実践について計画をする**という主体的な学びを実現するために、研修をどうデザインし、講師は参加者とどうかかわると良いのか？」を追求した理論と手法です。

　この研修手法では、講師は参加者に知識伝達を行うだけではなく、さまざまな問いかけやアクティビティを行うことで、参加者が理解や気づきを深め、スキルを習得し、実践に向けて自信をもつことを支援します。

　言い換えると、ビジネス上の成果を出すという目的を達成するために、参加者自身の成長や達成感、そして研修後の実践に向けて具体的なイメージをもって、ワクワクしながら研修を終えられるような工夫を行うのが、参加者主体の研修手法における講師の役割と言えるでしょう。

「気づきを促す」だけでは研修の目的は達成できない

　研修終了後、参加者からのこんなコメントを聞くことはありませんか？

「今日はとてもためになるお話が聞けました。ありがとうございました」
「大変参考になるお話で、考えさせられました」
「新たな気づきが多く、有意義な時間でした」

　一見、「とても良い研修だった」というポジティブなコメントのように見受けられますが、はたして本当にそうでしょうか。
　研修に参加したその時は気分が盛り上がって「実践しよう！」と思っても、気分は時間の経過とともに冷めてしまいます。そして、気づいた時には記憶からも消えてしまっていた──こんな経験、みなさんも少なからずあるだろうと思います。

「〇〇の大切さにあらためて気づきました」
「XXについて、もっと注意深く行動したいと思いました」

　こうした、「気づきを得る」という言葉は、企画側からも参加者からも
よく聞く言葉です。
　しかし、「〇〇が大切だとわかって、その結果、何をどうするのか？」
「これまでと行動をどう変えるのか？」が重要で、「大切だと思った」とい
うのは単なる感想にすぎません。
　「XXについて注意深く……」というコメントも同様です。「注意深く」と
は具体的には、どういう行動をすることなのでしょうか？　その具体性が
ない状態では、「時間の経過とともに冷めてしまい、気づいた時には記憶
からも消えてしまうリスク」が高いのです。
　このように、**「気づく」という段階ではまだ抽象的で、十分に研修の目
的を果たしているとは言えません。**実践して成果を出すという研修の目的
を達成する前提として、行動変容を起こすこと、つまり、**具体的な「行
動」に落とし込む**必要があります。

　これらのコメントからは、「講師の話を参加者が聞いていた」という研
修の様子が見えてきます。研修中に講師の話を聞いている時間が大半を占
める研修では、具体的な行動に落とし込む時間がないのです。次から次へ
と提供される情報を理解することに、終始してしまうからです。
　その結果、冒頭に例を挙げたようなコメントが参加者から発せられてい
る──これは、講師の役割を考えるうえで無視できない事実だと言えるで
しょう。

講師の役割とファシリテーション

　効果的な研修を行ううえで、講師に求められる役割にはどのようなもの
があるでしょうか？

　参加者に知識を伝達することはもちろん重要ですが、さらに受け取った情報について考え、理解を確実にし、それを自らの行動に落とし込むための時間をデザインすることも欠かせません。スキルの習得を目的とした研修であれば、練習して自信をつけるための時間も必要です。こうした**「知識」の理解を確実にし、行動に落とし込んだり、スキル修得の練習をして自信をつける時間を研修中に組み込んだり、実行したりする**ことは、本書のテーマである「ファシリテーション」に他なりません。

　たしかに、「情報を提供する」のは講師の役割のひとつですが、それがすべてではないのです。研修講師に求められるのは、「ステージ上の賢者」ではなく、**「ステージ脇で導く役割」**。これこそが、「ファシリテーターとしての講師の役割」なのです。

　どこの組織であっても、研修の効果・効率を高めることを求めているはずです。では、「大人数に対して講義を行う」というのは、効果・効率の面から考えると、良い手法と言えるでしょうか？
　「多数の人に同時に情報を提供する」ことができるという点において、効

率が良さそうではあります。

　ですが、提供した情報は、全員にすべて理解されているでしょうか？
参加者一人ひとりが自分のものとして、行動に落とし込んだり、実践に移
したりすることはできているでしょうか？

　伝えたからと言って、相手が学んだとは限りません。「伝える」という
面において効率が良くても、研修の目的を達成できないようでは意味がな
いのです。

「そうか！　なるほど！　○○先生はさすが良いことをおっしゃるなぁ」
と言われるような、「ステージ上の賢者」の役割のほうが、華やかに見え
るかもしれません。しかも、用意したシナリオどおりに話せば良いので、
ある意味では楽だと言えます。

　一方、「脇で導く役割」は、実際にはあまり目立たないものです。その
かわりには、「脇で導く役割」を果たすためには、多くの準備やスキルが求
められます。

　しかし、「脇で導く役割」は、大きな成果が得られます。言い換えると、
講師としてのスキルを磨くからこそ得られる成果があるのです。

　講師に求められるのは、伝えることではなくて、目的達成に導くこと。
そのため、講師はファシリテーターの役割を担うことになるのです。

集合研修におけるファシリテーションの重要性

そもそも、どうして集合研修が必要なのか

「どうして集合研修を行うのか」という問いについて考えたことがあるでしょうか？

「何となくこれまでもやっていたから……」というケースが多いかもしれませんが、ここでは、一度、**「その研修は参加者が物理的に集合して行う必要があるか？」**という問いについて考えてみます。

　まず、そもそも、参加者がただ座って講師の話を聞くだけなのであれば、集合研修である必要はないかもしれません。

　たとえば動画やオンラインセミナーなど、ラーニング・テクノロジーを活用することで、代用できる方法があるはずです。もしかしたら、デリバリースキルに長けている講師の動画のほうが、そうでもない講師の講義をライブで聞くよりも、効果があるというケースも考えられるでしょう。

　くり返しになりますが、研修の効果・効率の面から「講義」が良いというロジックは必ずしも成り立たないのです。

　研修はイベントではなく、プロセスです。

　研修当日は、ある意味でイベントなのですが、研修前の準備の段階から実は研修は始まっています。それに、**もっとも大切なのは、研修後に参加者が何を実践してどんな成果を出すかです。**

　研修を行う際は、研修前後も含めたプロセスとしてデザインする必要があるのです（詳細は拙著『研修デザインハンドブック』を参照）。

　この考えに当てはめると、研修の中で、すべてを伝えようとすることは適切とは言えないでしょう。

事前学習をしてきてもらうことはないでしょうか？　また、事後学習として行えることはないでしょうか？　たとえば、**知識の習得など、ラーニング・テクノロジーを活用して、事前・事後学習で行えることは、わざわざ集合研修で行う必要はない**と言えます。

　時間や費用をかけて行う集合研修は、**人がわざわざ集まるからこそできること、集まるからこそ得られる成果**があってはじめて意味があります。こうした「人がわざわざ集まるからこそできること」をデザインし、講師がファシリテーターの役割を担い、「集まるからこそ得られる成果」を生み出していくのが効果的な集合研修と言えるでしょう。

　本書は、こうした研修をリアルの場で行うという目的のもと、効果的なファシリテーションを行うための準備（デザイン）と、実践上のコツやポイントをご紹介していきます。

集合研修の落とし穴

「集合して行う価値があるもの」を考える

「人がわざわざ集まるからこそできること」とひとくちに言っても、実は
意外と難しいものです。どういったものが効果的なのか、集合研修として
行う価値があるものかを考えていくために、まずは、CASEをもとにあり
がちな３つの落とし穴をご紹介します。

CASE STUDY　井上さんの場合（新任管理職研修）

　２日間の新任管理職研修です。最初の２時間は、「管理職としての
役割を認識する」というテーマ。まずは１時間ほど管理職としての役
割について講義が行われる予定です。参加者はメモを取る準備をした
り、真剣に取り組もうとしている様子です。

　講師の井上さんは、講義中もできるだけ参加者を巻き込みたいと考
えています。そこで、時折、質問を投げかけながら進めていくことに
しました。

　研修冒頭、自分たちで考える姿勢を促したいと思い、井上さんは次
のような問いかけをしました。

「管理職という役割は、これまでの役職と比べて、もっとも違うこと
は何ですか？」

　参加者は緊張しているのか、誰も手を挙げませんでした。

そこで井上さんは、前から２列目でこちらにアイコンタクトを送ってくれていた人に、「〇〇さん、いかがですか？　どう思われます？」と問いかけてみました。
　指名された人は緊張した様子で、次のように答えてくれました。

「まだ漠然としているのですが、責任は重いかな、と思います。でもこの研修でしっかり学んで把握したいと思います」

　１時間が経過し、予定していた講義内容が一通り終了しました。
　ここまでの内容を振り返って、具体的にどんな行動をするかを考えてもらいたいと考えた井上さんは、ディスカッションの時間を設けました。

「ではみなさん、ここまでの講義内容を振り返っていただく時間を設けます。各チームで、講義内容についてのリフレクションを行ってください。気づきや感想、大事な点のまとめなど、どんなふうに進めるかはみなさんにお任せします。時間は20分です」

　ディスカッションの最中、井上さんは各チームでどんな話がされているか様子をうかがっていました。自分たちの担当業務についてお互いに紹介し合っているチームもあれば、どんな部下がいるかについてシェアしているチームもあります。しかし別のチームでは、「理想はわかるけど現実的には自分たちはまだまだプレイヤーだから、マネジメントに時間を割くのは難しい」「講義で言われていたような理想の上司はこの会社にはいない」などと否定的な方向に話が進んでいるようでした。

落とし穴1 指名して発言を求める

　参加者を巻き込みたい場合、よく行われるのは、指名して発言を求める方法です。CASEの中でも取り入れられていました。

・参加者に積極的に参画してもらいたいから、さまざまな質問を投げかける
・発言してくれる人はいつも決まった人になりがちなので、全員を巻き込むために、ランダムに指名して答えてもらう

　こうした講師の工夫は、研修中によく見られることですが、2つの点で問題があります。

①突然の指名は緊張を生む

　講師から急に指名されると、とても緊張し、頭が真っ白になってしまっている人をよく見かけます。ふだんであれば答えられることでも、緊張が高まりすぎると答えられなくなってしまうことが多いのです。

　過度なストレスは、学習を阻害します。また、ネガティブな感情と結びついた情報は、長期記憶へ移行される確率が低くなります。つまり、**嫌な緊張感を伴う場面は、学びをサポートするどころか、学びを阻害し、逆効果**なのです。

②講師対参加者、1対1の対話に終始している

　講師が参加者に問いかけや指名などをして発言してもらうというのは、図1-1のような状態です。研修での効果をより高めるため、本書が目指すのは、図1-2のような状態です。

　つまり、**講師と参加者のやり取りに加え、参加者同士が話すことが含まれた対話**の形です。

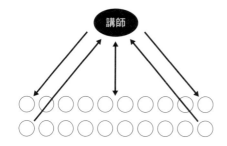

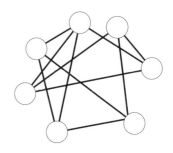

図1-1　講師と参加者の対話のみ　　　　　　　図1-2　参加者同士の対話

　研修は、講師から正解を学ぶだけの場ではありません。正解を学ぶだけ
であれば、eラーニングや書籍などでも十分であり、対面の研修は必ずし
も必要ないこともあるでしょう。
　講師からの問いかけに対して参加者が答えるという方法は、確かに参画
の方法のひとつです。ですが、これは理解度の確認など、講師から正解を
学ぶという性質に留まることが多いのではないでしょうか。

　本書で目指す参加者主体の研修には、「参加者同士の対話」が欠かせま
せん。**学び合い、教え合い、ピア・サポート**などという言葉でよく表現さ
れる手法のイメージです。参加者同士が対話することで、考えが深まった
り、課題を自力で解決できたり、経験や事例のシェアからも学ぶことがで
きたりと、学びが豊かになるからです。
　また、参加者が受け身ではなく自立して学ぶ場をつくることで、考える
力を養い、研修後に講師のサポートがなくても学びを実践できる確率が高
くなるという効果も期待できます。

　**研修は、参加者の理解や知識を「テストする場」ではなく、「学びが起
きる場」です。**そうした場をつくり出すことが、講師に求められているの
です。

落とし穴2　「自由に」リフレクションさせる

　先ほどのCASEでは、１時間の講義の後、ディスカッションの時間を設けていました。２つめの落とし穴は、ここでのディスカッションの行い方です。
「講義が長くなったので、参加者が考えたり話し合ったりする時間をとらなくては」と考えたのだろうと思われますが、「自由に」リフレクションをしたり、話し合ったりする時間をとるというデザインは、はたして効果的なのでしょうか。

「自由に発言する」ことでは、次のようなことが起きるリスクが高まります。

◎「自由に発言する」ことで起こり得るリスク

● 適切な問いかけがないため、話が深まらず、気づきやそこから得るものが表面的なものに終始してしまう
● わからなかったことの確認や、デメリットや例外についてなど、本来の趣旨とは異なる内容の話に時間を費やしてしまう
● 上記がさらに発展すると、「役に立たない」「実際はこんなにうまくいかない」「現場は違う」などという否定的な発言を誘発することになる

　このような結果になってしまっては、リフレクションや話し合いの時間はあまり効果的ではない（むしろマイナスの効果があった）ことになります。
　そのような体験が影響して、ディスカッションの意義が感じられず、「時間のムダ」「手法の有効性が疑問」などといった声を聞くこともあります。また、「ディスカッションの時間を設けてファシリテーションを行うことに自信がない」「参加者の反応が怖い」といった相談を講師から受けることがありますが、これはおそらく26ページのような状態に陥った経験が

あるのかもしれません。苦い経験があるからこそ「自由に」というインストラクションをしているのかもしれませんが、実はこのインストラクションの仕方が前述のような事態を巻き起こしているのです。

　リフレクションやディスカッションから何を得てもらいたいのか、そのためにどんなことを考え、何を話してほしいのかを明確に示し、ゴールに向かって導くことで、より効果的で実りのある時間にすることができるのです。

落とし穴3　問いかけが有効ではない

　先ほどのCASEで、井上さんは次のような問いかけをしていました。

「ではみなさん、ここまでの講義内容を振り返っていただく時間を設けます。各チームで、講義内容についてのリフレクションを行ってください。気づきや感想、大事な点のまとめなど、どんなふうに進めるかはみなさんにお任せします。時間は20分です」

　中にはネガティブな方向に対話が進んでいるチームがありましたが、その原因は決して「参加者がネガティブだった」からだとは言い切れません。「感想」を求められたので、正直な感想を出し合っているだけのことなのです。

　「落とし穴2」で述べたように、自由度の高すぎる問いかけは方向性がずれるリスクが高いものですが、**参加者は問われたことに答えようとする**のが自然です。

　そのため、たとえば「今の話の中で、重要だと思った点を3つ挙げてください」と言われれば、要点を整理して3つ挙げようとしてくれますし、「何をどう実践するか、優先順位の高いものを2つ挙げてください」と言われれば、2つ挙げようとしてくれます。同様に、「自由に感想を述べてください」と言われれば、不安や懸念も含めた感想を述べるという、ただ

それだけのことです。

　また冒頭の「管理職という役割は、これまでの役職と比べて、もっとも違うことは何ですか？」という問いかけも、あまり適切なものとは言えません。

　一見、オープンで良い質問に見えるかもしれませんが、**参加者にとってはとても答えにくい質問**ではないでしょうか。

　研修がこれから本格的に始まるという冒頭のタイミングでのこの問いは、講師がこのあと講義をしようとしていること、つまり、「講師が用意している答え」を推測させるような問いになってしまっているのです。参加者は、間違ったことを言って恥をかきたくないため、答えるのに躊躇するでしょう。

　また、このCASEでは協力的なコメントが返ってきましたが、場合によっては講師がこれから話す予定のものとはまったく異なる意見や否定的な意見を述べられることも考えられます。たとえば、「私自身、実はあまり管理職には良いイメージをもっていません。大変なだけのような……」などの発言があったら、講師はどうコメントすればいいのでしょう。こうした場合、その後の軌道修正がとても大変になるのは明らかです。

　このように、講師がどのような問いかけをするかで、そのディスカッションから得るものは大きく変わってきます。つまり言い換えると、**何を目的にした時間なのかによって、問いかけの内容や質問の言葉を精査することがとても大切**なのです。

　こうした落とし穴に陥ることなく、学習を効果的に進めるうえで欠かせないのが、**「ファシリテーション」**と呼ばれるスキルに他なりません。

　次の項目では、「ファシリテーター」としての講師は、どういったことをすればいいかを検討していきましょう。

1-2

「ファシリテーター」としての
講師の役割

　1-1では、効果的な研修を行ううえで、講師は単に情報を
提供するだけではなく、参加者を目的に導く「ファシリテー
ター」としての役割を担う必要がある、ということを説明し
てきました。では、「ファシリテーター」としての講師は、
具体的にどのようなことをしていけばいいのでしょうか。ど
のような役割を担うことで、参加者を研修の目的へと導くこ
とができるのでしょうか。

**本項の
Key word**

「講師の３つの役割」
「講師が行う３つの仕事」
「ファシリテーターとしての講師の行
動・スキル」

そもそも、講師は何をする人なのか

講師の３つの役割

研修の講師とは何をする人でしょうか？　その役割は次の３つに整理できます。

◎研修当日の講師の３つの役割

1. Teach ティーチング	新しい知識を学んでもらう、新しいスキルを習得してもらうなど、参加者に何かを「教える」役割。情報提供をしたり、知識を伝達したり、お手本を見せたり、アドバイスをしたりして、知識やスキルの習得を支援する
2. Coach コーチング	参加者の課題解決を、アドバイスをするのではなく、参加者自身が考えることを促すことによって行えるよう、参加者自らの気づきや発見を支援する 研修中に講師が参加者から質問を受けたり、個別に声をかけたりして、１対１の対話を行う場面は、ティーチングとコーチングを次のように使い分ける ＊知識・スキル習得が不十分な場合　→　**ティーチング** ＊知識・スキルが不足しているわけではなく、活用、応用、課題解決が必要な場合　→　**コーチング**
3. Facilitate ファシリテーション	アクティビティや問いかけからのディスカッションなどをとおして、目的を達成するように導く

大まかに言うと、講師はこの３つの役割を担っていくことになります。

本書は、３つめの「ファシリテーション」に着目し、具体的にどのようなことをすればいいかを検討していきます。

講師が行う３つの仕事

効果的な研修を行うために、講師は何を行うのでしょうか。
こちらも３つに分類できます。

◎講師が行う３つの仕事

研修デザイン	研修でも事前の準備は欠かせない。研修はイベントではなくプロセスという基本を前提に、研修当日をより効果的なものにできるように、ニーズ分析や参加者の分析、時間配分、コンテンツの組み立てをはじめとしたインストラクショナルデザインを行っていく（詳しくは前著『研修デザインハンドブック』参照） ＊アクティビティや問いかけは、研修デザインを作成する際に検討しておくことが多いが、ファシリテーションにおいても重要な役割をはたすので、本書でも取り扱っていく
デリバリー	デリバリーとは「届ける」という意味。用意した研修内容を参加者に伝える、つまりプレゼンテーションを行うような役割を講師は担っていく。講師としての立ち居振る舞い、話し方、説明のわかりやすさなどは、効果的な研修の基礎になる（詳しくは『講師・インストラクターハンドブック』参照） ＊「アクティビティ」のインストラクション（進め方のインストラクション）は、ファシリテーションという面でも重要な役割をはたすため、本書でも取り扱っていく
ファシリテーション	講師は一方的に知識を伝達すれば良いわけではなく、参加者の主体性を引き出し、目的の達成に向けて導く役割がある。問いかけて考えを促したり、引き出したり、アクティビティをとおして学びや気づきを深めたり、実践に向けての具体的なイメージ形成を支援したりする ＊本書で主に扱っていく

ファシリテーターとしての講師の役割

ファシリテーターとしての講師に必要な行動

　本書の以下のページでは、ファシリテーターとしての講師として、押さえていきたい基本的な理論、そして、具体的にどのようなことを行っていくかを検討していくことになります。

　詳しくはあとのページで解説していくことになりますが、まずここでは、ファシリテーターとしての講師に求められる行動とスキルを確認しておきましょう。

　次の「**ファシリテーターとしての講師の行動・スキル**」で挙げたもののうち、あなたは今、何がどれくらいできているでしょうか？

　ふだんの研修でここに挙げたものを行っているでしょうか？

　また、今の自分にとって足りないことはあるでしょうか？

　ここでの「行動」「スキル」は、現在の自分の状況を確認するために活用してください。

　本書を読み終えた時には、それぞれの項目について、今よりレベルアップしているはずです。

◎ファシリテーターとしての講師の行動・スキル

スキル・姿勢	初級									上級
結果を出すために研修はイベントではなくて、プロセスとしてデザインする	1	2	3	4	5	6	7	8	9	10
研修のすべてのアクティビティや問いかけの目的・目標を明確に設定し、デザインする	1	2	3	4	5	6	7	8	9	10
どこでどうEATにするかを見極め、ゴールに導く	1	2	3	4	5	6	7	8	9	10
本番さながらにリハーサルをし、準備万端な状態で当日を迎える	1	2	3	4	5	6	7	8	9	10
効果的なオープニングを行う	1	2	3	4	5	6	7	8	9	10
ポジティブな学びの場をつくる	1	2	3	4	5	6	7	8	9	10
シンプルでわかりやすいインストラクションで全員を巻き込む	1	2	3	4	5	6	7	8	9	10
安全な学びの場を提供し、自信をつけてもらう	1	2	3	4	5	6	7	8	9	10
理解し、習得し、重要なことが記憶に残るようサポートする	1	2	3	4	5	6	7	8	9	10
臨機応変な対応をする	1	2	3	4	5	6	7	8	9	10
対応が難しい場面・参加者に効果的に対応する	1	2	3	4	5	6	7	8	9	10
効果的なクロージングを行う	1	2	3	4	5	6	7	8	9	10
参加者との信頼関係を構築する	1	2	3	4	5	6	7	8	9	10
ステージ脇で導く役割に徹する	1	2	3	4	5	6	7	8	9	10
研修の効果測定を行い、今後に活かす	1	2	3	4	5	6	7	8	9	10

研修ファシリテーションの全体像

「研修ファシリテーション」は、参加者が目的を達成できるように「脇で導く役割」である講師に欠かせないものだと、1-1でご紹介しました。では、「脇で導く」ためには、具体的にどのようなことを行っていけばいいのでしょうか。

本書の以下のページでは、「研修ファシリテーション」を次のように分類して、紹介していくことになります。

「知りたい」と思ったところから読んでいただき、「これは使える」と思ったことを、次の研修から使ってもらうことを目指してまとめました（ただし、第2章、第3章は順番どおりに読み進めたほうがわかりやすいかもしれません）。

少しファシリテーションを工夫するだけで、参加者の反応は大きく変わるものです。ぜひ次の研修から取り入れてみてください。

◎本書の構成

章	テーマ	概要
第2章	ファシリテーションのデザイン	参加者主体の研修に欠かせない「アクティビティ」「問いかけ」「場（環境）」「関係性」のデザイン
第3章	ファシリテーションの実践	第2章でデザインしたことを実践に移す際のテクニック（インストラクション例、時間管理、働きかけなど）
第4章	ファシリテーションの応用	「対応が難しい場面」や「対応が難しい参加者の言動」への対処法や、そうした状況・参加者の言動を引き起こさないためのテクニック
第5章	効果測定	ファシリテーションを含めた研修全体の効果測定やより質の高い研修ファシリテーションを行うための振り返りのポイント

1-3

参加者の主体性を引き出す基本原理

「効果的なファシリテーションを行うために、具体的に何を行えばいいのか？」を考えていく前に、第1章の最後では、「参加者の主体性を引き出す基本原理」をご紹介します。これは、本書がベースにしている「参加者主体の研修手法」の核となる考えです。ファシリテーションのテクニックなど表面的なことだけではなく、基本原理を知っておくことで、一つひとつのスキルを活用・応用しやすくなるはずです。

ここでご紹介する基本原理は、一度ですべてを理解する必要はありません。必要に応じて読み返すことをお勧めします。なお、この部分はとても重要なポイントであるため、過去の書籍とも重複しています。

本項の Key word

「90/20/8の法則」
「CSR」
「EAT」
「学習の法則」
「学習スタイル」

効果的な研修をつくり出す4つの原則

「準備」が学びの質を高める

　研修で講義を行う場合、基本的に「参加者は黙って話を聞いている」という場面を想定していることでしょう。そのため、講師は万全に準備をし、準備どおりに研修を行えば、そこまで大きなアクシデントは起こらないことと思われます。

　一方、ファシリテーションが必要となる場面では、参加者は何らかのアクティビティを行ったり、発言したりします。つまり、参加者の反応や発言を受けて、講師は研修を運営していくことになるのです。ある程度は参加者の反応や発言を「想定」して準備を行うことは可能ですが、すべてを想定することは難しいものです。

　そのため、当日の参加者の反応や発言に応じて対応する、柔軟性や臨機応変な姿勢というのはとても大切です（こうした柔軟性や臨機応変な対応が求められることが、「ファシリテーションは難しい」と感じる講師が多い理由であるとも言えるでしょう）。

　とは言え、いつでも臨機応変に、「出たとこ勝負」で研修を行うのは、あまりにリスクが大きいものです。それに、研修として「ゴールに導く」ことが達成できない可能性も高まります。

　研修の目的は成果を出すことです。そのためには、**「何を教えるか（WHAT）」**をデザインすることはもちろん大切なのですが、それを**「どう学んでもらうか（HOW）」**のデザインも同様に大切なのです。

　たとえば、問いかけ方や投げかける質問によって参加者の反応や発言が異なるというのは、1-1でも検討したとおりです。問いかけや質問を思いつきで行うのではなく、綿密にデザインし、準備することで、参加者から

の反応・発言をある程度は想定できるようになるのです。

　こうした**事前の準備（＝デザイン）は、ファシリテーションを円滑に行ううえで欠かせない**ものなのです。

　そうは言っても、研修で行われるのは人間同士の対話であり、すべてを予測することは不可能です。そのため、当日の柔軟性が必要になるという点は、避けられません。

　しかし、すべてを勘や経験に頼るのではなく、基盤となる原理原則を知っておくことで、安定したパフォーマンスを発揮できるようになるでしょう。

　原理原則に則ったファシリテーションは、再現性があり、講師の経験やスキルへの依存度を下げることができるのです。

　以下では、研修におけるファシリテーションを円滑に行っていくうえで基盤となる原理原則を、4つご紹介します。

参加者をゴールに導く時間配分

時間配分は、「学習効果」を起点に考える

　効果的な研修を行うために欠かせないのは、**「時間配分」**という視点です。

　講義などで「Teach」する時間（ティーチング）と、アクティビティなどを行って「Facilitate」する時間（ファシリテーション）をどのように配分するのが良いか──これは講師にとっての悩みの種でしょう。

　この時、どのように時間配分を決めているでしょうか？　「午前中のうちにこの説明をしたいから、少し長くなるけれど講義の時間をしっかりとりたい」など、ついつい教える側の都合で時間配分を決めてしまいがちか

もしれません。しかし、「参加者主体の研修」では、どのような時間配分にすれば学習効果が高まるかという基準で考えていきます。

「90/20/8」をデザインしてゴールに導く

では、どのような時間配分が学習上、効果的なのでしょうか。

まず、**大人が理解力を保って集中していられるのは90分までが目安**です。つまり、**90分に1回は休憩時間をとります**。

◎研修時間と休憩のタイミング

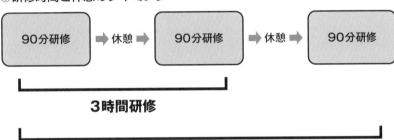

また、**短期記憶に保持しながら話を聞くことができるのは20分**です。そのため、**20分を単位として研修をデザインし、20分ごとにリビジット**

の時間（それまでの内容を振り返る時間）**を設けます**。

さらに、一方的な講義を聞くなど受け身な状態が8分以上続くと、退屈し、意識がそれ始める人が増えるため、**8分に1回は能動的な状態になるようにデザイン**します。つまり、考えを促す問いかけをしたり、何かを書き出したり、誰かと対話をしたりする、

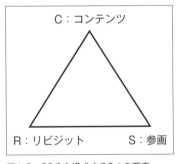

図1-3 　20分を構成する3つの要素

という「参画」の時間を8分に一度とります。

　このように、「20分」をひとつの単位として、コンテンツ（教える内容）、参画、リビジットの3つの要素を入れて構成します。

　これらの原則を基準に実際に時間配分を行った場合、次のように研修を組み立てることができます。

◎「90/20/8」の法則で90分を組み立てる

時間	トピック	時間
0分～5分	これからの1時間半の内容のオープニング	5分間
5分～25分	コンテンツ1 ●問いかけ ●講義 ●クイズ ●解説 ●リビジット	1分 7分 2分 7分 3分
25分～45分 45分～65分 65分～85分	コンテンツ2 コンテンツ3 コンテンツ4	上記の5分～25分のパターンをくり返す
85分～90分	ここまでの85分の内容のクロージング	5分間

「90/20/8」という時間配分のメリット

「90/20/8」という時間配分を実践すると、講義の時間とディスカッションなどファシリテーションを行う時間を分断する、といった事態にはならず、**シームレスな研修**を行うことができるようになります。

　また、講義をしている時間でも、8分に1回は問いかけたり、クイズがあったりするので、その時間帯はファシリテーターとしての役割を担うようになります。またリビジットの時にも、講師はファシリテーターとして

振り返りを促していきます。

「ワークショップ」という言葉が流行った頃、「ワークショップ疲れ」という言葉も同時によく聞きました。これは、ディスカッション、リフレクション、対話、といったアクティビティを行うことが面倒に感じたり、その効果を疑問視したりする意見です。

こうした意見が出てくるのは、研修のデザインがシームレスな状態になっていないことも一因ではないでしょうか。講義で話す内容をしっかりとつくりこんだうえで、その後に対話、ディスカッション、リフレクションの時間がムリに組み込まれていると、たしかに「つけ足し」のように感じられるかもしれません。しかも、講義とディスカッションの時間を分けることは、学習上、効果的とは言えないというのは、「90/20/8」という時間設定の観点からも明らかです。

一方、シームレスなデザインになっていると、問いかけられて考え、隣の参加者とひと言会話をし、また解説を聞き……と、とても自然に進行できるようになります。「さて、ここからはワークショップ形式です」などといった不自然な分断が起きないため、講師にとってのストレスは軽減されます。

さらには、リビジット、参画を織り交ぜることで、講義中でも参加者が主体性を保ちながら研修に参加し続けることができるので、学習効果の向上も期待できるのです。

ファシリテーションを成立させる前提として、「90/20/8」という時間配分の法則をぜひ取り入れてみてください。

主体性を引き出す研修の構成順序

EAT：経験を引き出す研修を設計する

「伝える」役割と「ファシリテーター」の役割のバランスをうまくとるために、もうひとつ肝になるコンセプトがあります。それが、「EAT（経験（Experience）→気づき（Awareness）→理論（Theory））」です。

研修では、参加者がそれまで知らなかった「新たな情報」を伝える必要があるでしょう。そんな時、まずはそれを説明することから始める、という進め方は、もちろん間違いではありません。おそらく、先に「理論」を説明し、参加者自身が理解し、「気づき」を得たうえで、課題に取り組んだり、ロールプレイを行ったりといった「経験」を行うのが、研修でよく用いられる一般的な構成順序でしょう。

しかし、必ずしもこの順序でなくてはいけないわけではありません。むしろ、EAT（経験→気づき→理論）の順のデザインのほうが、学習上の効果

が大きかったり、効率が良かったりすることも少なくありません。

　たとえば、EATの順の場合、次のように構成を組み立てることができます。

（例）EAT の構成例：接客スキルの研修の場合
- ・過去にお客の立場で買い物をした経験を思い出してもらう（E）
- ・チームで経験をシェアし、「良い接客」「良くない接客」の要素を挙げる（A）
- ・各チームに発表してもらい、それを受けて、講師は補足したり解説したりする（T）

EATの順序で構成することのメリット

　このEATの順で行うことにより、参加者自身の過去の経験と関連づけて新しい情報を学ぶことができます。また、最初から「接客とはこうあるべき」と伝えられると反論したくなったりするものですが、自分たちの経験から積み上げることになるので、押しつけられるような感覚が減少し、講師の話が受け入れやすくなります。

　EATでデザインされた研修では、「E」と「A」の部分で講師は主にファシリテーターの役割を担い、「T」の部分では伝える役割を担うことになります。ここでも、あるひとつのコンテンツを学んでもらうために両方の役割を使い分けることになりますが、シームレスに行うことができます。

　その他、次のようなメリットが期待できるでしょう。

◎ EAT の主なメリット

● 参加者の知識レベルがバラバラの際、底上げすることができる
● 自身の体験をもとに説明を聞くので、納得度が高まる
● 過去の体験やもっている知識と関連づけて新しいことを学べるので、整理しやすい
● 最初に体験や課題への取り組みがあるので、興味が高まったり、主体的になったり、関連づけて整理できたりする
● すでに知っていることの説明を聞かされるというストレスがなくなる
● 的を絞った講義ができるので研修全体の時間短縮につながる

学習の法則

　本書で紹介する「参加者主体の研修手法」のファシリテーションは、心理学や脳科学などを基盤にしていますが、その基本的な考え方は、以下の５つの「学習の法則」に集約されます。

法則1　学習者は大きな身体をした赤ちゃんである

　子どもは、さまざまな体験をとおして学んでいきますが、大きくなるにつれ、また大人になるとさらに、体験から学ぶ機会は減り、人の話を黙って聞くことで学ぶように求められてしまいます。ですが、**大人も体験や経験から学ぶことは多い**のです。大人であればなおさら、豊富な経験や知識をもちあわせていますので、その**経験や知識を最大限に活用して新たな学びを積み上げる**のが良いのです。

　つまり、ファシリテーターとしての講師の役割の重要性が高まります。

　研修では、参加者が何も知らないことを前提に講義を始めるのではなく、**既存の知識を活用して取り組めるアクティビティから始める**ことをお勧めします。あるいは、**理論の説明の前に、実際に体験してもらう流れ**にはできませんか？

　たとえば、部下育成のスキルを学ぶ研修で、上司のコミュニケーション次第で部下のモチベーションがどう変わるかを、言葉で説明するのではなく、次のような疑似体験をしてもらうのです。

　——シナリオを用意します。上司役には上司のセリフのみ、部下役には部下のセリフのみが見えるようにし、お互いそのセリフを言ってもらいます。パターンAは良くない上司、パターンBは良い上司の対話を用意しておきます。２パターンを声に出して話し、対話を疑似体験してもらうことで、それぞれのパターンの部下の気持ちを感じてもらうことができます。

　研修として用意されているシナリオだとわかってはいても、少し腹立たしく思ったり、うれしく思ったりする、という感情移入が起きます。

　こうした体験をベースとした研修を受けることで、問題意識をもって真剣に取り組む意欲が高まることが期待できます。

POINT!

【「法則1　学習者は大きな身体をした赤ちゃんである」　実践例】

- 研修トピックについてのこれまでの経験を参加者同士でシェアし、そこから学び合う機会を設ける
- 研修トピックについて、研修の場で疑似体験をしてもらい、そこから気づきや学びを得る
  （例：良い（あるいはダメな）営業担当者と顧客の対話シナリオを用意し、感情を込めてそれを読むことで疑似体験するなど）
- ロールプレイなどを最初に行い、うまくできることと課題について自己認識してもらう
- もっている知識を活用してアクティビティに取り組んでもらったあとに、講師が解説する

法則2　人は自分が口にしたことは受け入れやすい

　人から言われたことよりも、自分の考えを言葉にして発したほうが「**自分事**」として捉えることができます。これは、コーチングとも共通する考え方です。

　講師が講義するのではなく、参加者自身が考えたり、参加者間の対話を生むファシリテーションを行ったりします。**自分で発する言葉のほうが、「自分事」となり、研修後の行動に結びつきやすい**からです。

　たとえば、チームワークについて学ぶ際、最初に「これまでに所属したチームで、良かったと思うチーム」での経験を引き出します。どんな要素があれば良いチームなのかを、実体験をもとに考えてもらうのです。そして、参加者の発言を肯定しつつ、講師側が用意していた内容を補っていきます。

　参加者の言葉を最初に引き出すことなく、「べき論」を押しつけると、「現実はそんなに甘くない」などの言い訳や反論が出やすくなるかもしれません。一方、最初に自分自身がチームのメンバーの立場として感じた

「効果的なチームワークの要素」を発言している場合、講師が語る理論がはるかに受け入れやすくなるのです。

> **POINT!**
>
> **【「法則２　人は自分が口にしたことは受け入れやすい」実践例】**
> - コンテンツに関連した、参加者の過去の経験をシェアしてもらう
> - 学んだ内容から、「重要だと思ったこと」「納得したこと」「実践したいと感じたこと」などを選んで、自分で表現してもらう
> - 学んだ内容について、「なぜこれが重要なのか」「これを行うメリットは何か」などを考えて、自分の言葉で表現してもらう
> - 資料を読んで理解したことを、ほかの人に説明してもらう

法則３　習得はいかに楽しく学ぶかに比例する

ファシリテーションを行う際は、こんな誤解が生まれがちです。

「盛り上がったほうがいい」
「みんなを笑わせたほうが充実していていい」

ですが、研修講師はエンターテイナーではありません。笑いをとろうと努力する必要はありませんし、盛り上がることがベストだというわけでもありません。

しかし、**笑いは脳に好影響を与えますし、「楽しい」という感情を伴うことで、長期記憶に定着しやすくなります。**逆に、過度なストレス状態にあると、脳の学習能力が低下します。

研修では、ちょっとしたゲーム感覚やユーモアをうまく取り入れ、自然な笑いが起きると理想的です。また、知的好奇心が刺激されているという意味での「楽しさ」から生まれるエネルギーも、うまく活用したいものです。

【「法則3　習得はいかに楽しく学ぶかに比例する」実践例】

- アクティビティに取り組む際、「終わったチームは着席して良い」などというゲーム感覚のルールで早さを競う
- 複数の設問をチームで分担する際はくじで選ぶなど、遊び心を取り入れる
- 座席や順番を決める際、偽札トランプなど遊び心のあるグッズを用意する

法則4　行動が変わるまで学習したとは言えない

　研修の目的は「知る」ことではなく、「知ったこと・習得したことを職場で実践すること」です。さらには、実践した結果、ビジネス上の成果を生み出すことが最終的なゴールです。

　ですから研修では、何かを頭で理解したところで終了するのではなく、

練習を重ね、成功体験を積み重ねて自信をつけてもらい、「職場に戻って早く実践したい」というモチベーションを高めた状態にまでもっていく必要があります。そのような感情の変化を生み出すためにも、やはりファシリテーターとしての講師の役割が重要なのです。

POINT!

【「法則4　行動が変わるまで学習したとは言えない」実践例】
- 次のトピックに移る前に、振り返って理解の確認や整理をする時間を設け、何をどう活用するかを考え、書き出してもらう
- 研修後のフォローアップについて研修前に計画し、予告しておく
- 研修前後に参加者の上司を巻き込み、参加者が研修で学んだことを実践できるようサポートしてもらう
- 研修後の実践に際して障害になりそうなことを予測し、その対策を考えたり、練習したりしておく

法則5　くわっ、くわっ、くわっ

　鳥の親子にまつわる中国の諺からヒントを得た法則です。
　まとめると、「ママがパパに何かを教え、パパができるようになったところで終わりではない。パパがさらに子どもにそれを教え、子どもができるようになった時点ではじめてパパは本当に習得したと言える」という内容です。
　つまり、**自分が習得したことを、ほかの人に教えられるレベルになって、はじめて本当に習得したと言える**のです。
　うわべだけの理解では、そのレベルには到底到達できませんので、いったん自分の中で咀嚼し、腹落ちさせ、さらには練習・実践して自信をつけてはじめて、ほかの人に教えられるレベルになれるでしょう。ここでも、そのプロセスをデザインし、ファシリテーションを行う役割が重要なわけです。

【「法則5　くわっ、くわっ、くわっ」実践例】
- ●理解したことを自分の言葉に置き換えてアウトプットしてもらう
- ●自分が理解したことを、ほかの人に教えるとしたらどう教えるのか
  シミュレーションを行う

学習の法則を取り入れるメリット

　これら5つの法則は、「**大人の学習**」に対する「**参加者主体の研修手法**」**の考え方をまとめた原理原則**でもあります。こうした原理原則をしっかりともっていることで、研修をデザインする際、そして当日のファシリテーションにおいて迷った時のよりどころにすることができます。

　たとえば、「この内容を、どういう手法で伝えようかな？」と考える際、ただ単に盛り上がりそうな方法を探したり、安易にディスカッションにしようなどと考えたりするのではなく、

　「どうやったら参加者自身の言葉でアウトプットしてもらえるかな？」（**法則2　人は自分が口にしたことは受け入れやすい**）
　「理論の説明の前に疑似体験をしてもらえないかな？」（**法則1　学習者は大きな身体をした赤ちゃんである**）

　などといった方向性へと、あなたを導いてくれるものなのです。

学習スタイル──学び方の好みについて

学習スタイルとは

　1人ひとり食べ物の好き嫌いがあるように、学び方にも好みがあります。この好みを**「学習スタイル」**と呼びます。

　学習スタイルはあくまでも好みであり、「何が良くて、何が悪い」というものではありません。学びを促す存在である講師としては、さまざまな学習スタイルを理解し、それぞれの参加者のスタイルを尊重することが大切です。

　以下では、Personal Learning Insights Profileという学習スタイルの分類法を紹介します。①**情報の構築（具体的タイプ、大枠タイプ）**、②**何を学ぶか（情報タイプ、実践タイプ）**、③**学習プロセス（参画タイプ、考察タイプ）**の観点から検討していきます。

学習スタイルの分類①　情報の構築

「情報の構築」は、何か新しいことを学ぶ際に、その情報がどのように構築されているのが好きかによる分類です。ここでは、次の2つに分類されます。

具体的タイプ	●情報が系統だって構成されているほうが受け取りやすい ●ロジックツリーのように整理・分類されていて、どういう順序でどう進んでいくかが見える形になっているほうが安心する
大枠タイプ	●ざっくりと全体像をつかんで、自分に必要な情報を好きなようにアレンジするのを好む ●細かく順序立ててインストラクションされると窮屈に感じる

◎**活用例：情報の構築**

（例）研修内容（アジェンダ）を紹介する際

具体的タイプ	●細かくインストラクションを行い、今どこまで進んでいるかが常にわかるようにすると安心する
大枠タイプ	●アジェンダが細かすぎると窮屈に感じる、提示されても気にしないこともある

学習スタイルの分類②　何を学ぶか

　何を学ぶかという点については、「情報タイプ」と「実践タイプ」に分類できます。

情報タイプ	●新しい情報を得ること自体が楽しいと感じる ●「自分が知らないことを知る」ということに楽しみがある
実践タイプ	●自分に役に立つこと、すぐに活用できることを学びたいという気持ちが強い

　情報タイプの人は経験談、エピソード、裏話にも興味を示しますが、実践タイプの人は、そうした話が多すぎると「脱線が多い」「時間のムダだ」と感じる傾向があります。研修は限られた時間で行うものなので、実践的な内容に焦点を当てざるを得ませんが、時には情報タイプの好奇心を刺激するような場面も必要です。

　また、研修では触れないにしても、補足情報や参考図書、参考資料などはワークブックに掲載しておき、さらに知りたい人はどこにアクセスすれば良いかを提示するという方法も考えられるでしょう。

　アクティビティを取り入れる際、**実践タイプの人にとっては、アクティビティの目的を明確に示すことが大切**です。「楽しいから」「盛り上がるか

ら」というだけのアクティビティではなく、やる意味があることを示しましょう。

学習スタイルの分類③　学習プロセス

　学習プロセスに関しては、「参画タイプ」と「考察タイプ」に分類できます。

参画タイプ	●人とのかかわりの中で学ぶことを好む ●対話の中で頭の整理ができたり、アイデアが浮かんだり、腑に落ちたりすることが多い
考察タイプ	●受け取った情報をいったん自分１人で考える時間を必要とする ●ディスカッションなどを行う前に、まずは静かに自分の中で処理する時間を要する

　考察タイプの人は考える時間を必要とするため、すぐに発言をしない傾向があります。その間に、参画タイプの人がどんどん発言をして話が進んでいくと、考察タイプの参加者は「発言が少ない＝積極的ではない」という印象をもたれてしまったり、参加者自身がストレスを感じてしまったりする可能性もあります。

　一方、参画タイプの人にとっては、ほかの参加者と話すなど、かかわる時間がない状態が続くのはストレスです。知識の整理ができず、思考を発展することができないこともあるでしょう。

　また、参画タイプの人が多い時は、「盛り上がる」けれど、考察タイプの人が多い時は、「静かでリアクションがない」ように感じることもあります。

　こうしたタイプの違いによる対策として、次のような方法が考えられます。

◎「参画タイプ」と「考察タイプ」の違いへの対策

【アクティビティの進め方を変える】

　まずは個人で考え、書き出す時間を設けたのちにディスカッションをするのを基本の流れにする

【ペア、3人、4〜6人と話すチームの人数を変えて運営する】

　常にペアだと1人で考える時間が少なくなるため、考察タイプにはストレスがかかる（4〜6人のディスカッションだと、ほかの人が話している間に考えることができる）。一方、参画タイプの人は、常に4〜6人だと話す機会が少なくなるので、ペアワークも織り交ぜる

学習スタイルを知ることのメリット

　学習スタイルを研修に取り入れるにはどうしたらいいでしょうか？

　まず、参加者がどの学習スタイルをもっているのか、事前に知ることができたら準備できるかもしれません。ですが現実には、参加者のタイプを事前に知ることはできないでしょうし、知れたとしても、おそらくバラバラなので、**特定のタイプに合わせた準備をするのは難しい**でしょう。

　ではどうしたらいいでしょうか？

　前提として、「今日は全員が大枠タイプだ」ということはあり得ません。つまり、**どの項目に関しても、両方のタイプが存在するという前提で、どちらのニーズにもある程度合うように準備する**必要があります。

　ポイントは次のページの2つです。

　こうした視点は、ファシリテーションを行ううえでもとても重要なものです。さまざまな参加者のニーズ、特性を理解し、研修に活かしていきましょう。

POINT!

◎学習スタイルを研修に活かす

【ポイント① 講師が自分のタイプを把握しておき、自分の好みに偏らないようにする】

　自分が学びやすいからといって、参加者もそうだというわけではないため、自分のタイプを把握し、無意識のうちにそちらに偏ったデザインやファシリテーションにならないよう注意する

【ポイント② 当日の様子から推し量る】

　参加者が話をしたいタイプ（参画タイプ）か、じっくり考えたいタイプ（考察タイプ）かは、当日の参加者の様子から推し量ることができることも多い

　たとえば、考察タイプが多いようなら、ディスカッションの時間の前に個人で考えをまとめる時間をやや長めにとる、個人でリフレクションをしたあとにシェアする時間を毎回はとらないなど、当日の微調整でも対応可能。また、アクティビティのプロセスを説明した際、「順番はどう決める？」「発表の時間は？」など、細かい確認の質問が多いようであれば、具体的タイプであるというサイン。具体的タイプの参加者が多い場合は、自分のインストラクションをいつもより細かくするなどの対応をとる

第2章

ファシリテーションを
デザインする

2-1

アクティビティをデザインする

　研修では、講師の一方的な講義だけではなく、ファシリテーションを行い、参加者の学びを促していくのが大切であることは、第1章で見てきたとおりです。

　ですが、ファシリテーションと言っても、ただやみくもに、参加者の参画を促し、対話をしてもらえばいいわけではありません。「目的」に沿ったファシリテーションを行うためには、「デザイン」が欠かせないのです。

　以下では効果的な学びを促すためのファシリテーションのデザインを検討していきましょう。

本項の Key word

「アクティビティ」
「オープニング」
「クロージング」
「リビジット」
「エナジャイザー」
「EAT」

目的に沿ったファシリテーションを行うために

すべてのことには「目的」がある

　研修で行うことすべてに、「**目的**」があります。

　研修には、達成すべき到達点があり、講師は限られた時間の中で研修参加者をそこに導く責任があります。ですので、その目的に関連しないことや、目的からそれたディスカッションや対話などに時間を費やしている暇はない、というのが現実ではないでしょうか。つまり、講義はもちろんのこと、**ディスカッションの内容、さらには部屋のセッティングや使用する道具、順序、使う言葉など、細部にいたるまで、すべてに意図や意味をもたせる**必要があるのです。

　しかし現実には、参画を促そうと思うあまり、目的を見失ったディスカッションが行われていたり、その場の雰囲気をなんとか活性化しようとして思いつきで問いかけがなされたり（さらには、それが的外れで、思わぬ方向に脱線してしまったり）といったことが、しばしば見受けられます。

　効果的なファシリテーションを行うためには、事前の綿密な計画、インストラクショナルデザインが欠かせないのです。

　そこで、第2章では、ファシリテーションの視点でのインストラクショナルデザイン（以下デザイン）を検討していきます。

アクティビティが目的を見失うケース

　効果的なファシリテーションのデザインを考える前に、まずはうまくいっていない例とその原因を考えてみましょう。

まずそもそも、一方的な講義にならないように、とディスカッションや
アクティビティを行うのは良い発想です。その発想自体は決して間違いで
はありません。

　しかし、「行う」こと自体が目的となってしまい、その本来の意図を見
失っていては本末転倒であるという点は、忘れないでください。とくに、
誰か他の人がデザインした研修や、以前から使っている資料を活用しての
研修の場合は、注意が必要です。元々デザインされた時の意図や目的を確
認したほうがいいでしょう。

　ここでは、たとえば、「現状でうまくいっていることと、課題を挙げる」
というディスカッションを行う場面について考えてみましょう。

　どのようなテーマの研修でも行われる可能性が高いディスカッションで
すね。

　まず、このディスカッションを行うのは、何のためでしょうか。おそら
く、次のようなことを目的としているはずです。

・他の参加者の成功事例を知って自分の状況にも応用する
・課題については、研修の中で解決策を見つけて職場に戻って改善する

　次は、ディスカッションのデザインです。典型的な流れは次のようなも
のです。

◎**典型的なディスカッションのデザイン例**
　①講師が参加者に話し合うトピックを提示する
　②ディスカッションを行う
　③各チームから発表する

　参加者は、③の各チームからの発表を聞きながら、目的である「他の参
加者の成功事例を知って自分の状況にも応用する」「課題については、研

修の中で解決策を見つけて職場に戻って改善する」を行うことが期待され
ています。

　ですが、はたして、本当にこの目的は達成できるでしょうか。

　このデザインには、次のような問題点があります。

○ディスカッションのデザインの問題点

・脳はマルチタスクができないため、「他の人の発表を聞く」ことに集中
　している時、並行して、「聞いた具体事例を抽象化して自分に当てはめ
　て活用方法を検討する」や、「課題に対する糸口やヒントを見つけて解
　決策を検討する」ということを行うのは難しい

　よって、先ほど挙げた目的を達成するためには、先ほどのデザインに加
えて、④・⑤を加える必要があるのです。少し厳しい言い方をすると、こ
こまで落とし込みをしないのであれば、①～③のディスカッションや発表
は、「研修に参画している」気分にはなるものの得るものが乏しく、「ただ参
画させるためだけのアクティビティ」になってしまうリスクが高くなります。

◎ディスカッションのデザイン（改善例）

　①講師が参加者に話し合うトピックを提示する

　②チームでディスカッションを行う

　③各チームから発表する

　④個人で以下の点について考察する

　　● 「他者の成功事例から学び取れることは何か、それをどう活用で
　　　きるか」

　　● 「自身の課題に対するヒントがあったか、それを活用してどう課
　　　題に着手するか、未解決なことについてこの後の研修で何を学び
　　　たいか」

　⑤個人で考察した点についてシェアしたり、他の人と対話したりする
　　中で深める

このように、適切なアクティビティやディスカッションをデザインできるかどうかで、研修の目的をはたせるかどうかという学習効果は大きく異なってきます。

　2-1では、「研修の目的」に沿ったアクティビティを行うために必要な「デザイン」について考えていきましょう。

アクティビティをデザインする

アクティビティとは何か

　これまでも、本書の中で何度か登場してきましたが、ファシリテーションを研修に取り入れるうえで欠かせないのが、「アクティビティ」です。

　アクティビティとは、**参加者が課題に取り組んだり、何かを体験したりするなど、「主体的な学びを促進する具体的な方法」**を総称します。「研修ゲーム」や、「ワークショップ」「グループワーク」「ワーク」などと呼ばれるものも含んだ言葉だと考えてください。

　研修にアクティビティを取り入れることで、次のような学習上の効果が得られます。

POINT!

◎アクティビティの効果
- 受け身ではなく、参加者が主体的にかかわるようになる
- 感情を伴う経験をする（→長期記憶への定着につながる）
- 記憶に残ることで、実践につなげやすくなる

「受け身」な学び方　　　　　　　「主体的」な学び方

・講師のレクチャーを聞く
・書き写す

・考える
・書く
・話す
・練習する

　アクティビティは、目的に沿ったものをデザインし、的確に実践できるようになると、大きな効果を発揮します。

　本書では5つのシーン（オープニング、クロージング、リビジット、エナジャイザー、EATの「E」）に分けて、アクティビティを検討していきます。

◎アクティビティの種類

オープニング	研修への興味・集中を高めてもらったり、安心して学べる学習環境をつくったりするためのアクティビティ
クロージング	研修で学んだ内容についての振り返りを行い、今後の実践に向けて整理したり、アクションプランを立てたりするアクティビティ
リビジット	学んだ内容を記憶に留めることを手助けするアクティビティ（短時間で行うリビジットは20分に一度行う）
エナジャイザー	脳を活性化させるアクティビティ
EATの「E」	研修内容を「講義」することに代わるアクティビティ

　まず本章では、事前の準備（デザイン）という視点で、いつ、どのよう

な視点でアクティビティを取り入れると良いかを見ていきます。そのうえで第3章では、アクティビティを円滑に実践・運営するためのポイントを考えていきましょう。

　なお、具体的なアクティビティの手法については、拙著『研修アクティビティハンドブック』（日本能率協会マネジメントセンター）を参照してください。

アクティビティ①　オープニング

オープニングの目的

　まずはオープニングのアクティビティのデザインについて検討していきましょう。

　オープニングの段階で参加者が研修の意義を感じ、学ぶ意欲の高い状態にできるかどうかは、研修全体の効果に大きな影響があります。

人は最初と最後に触れた情報を記憶します。

　そのため、研修の最初であるオープニングには、参加者にとって重要で意義のある内容を入れたほうがいいでしょう。

　また、オープニングで良い場づくりができるかもその後の研修の効果を大きく左右するポイントです。

ストレスや過度な緊張状態にある脳は、学習能力が低下します。

　研修開始時は、講師も参加者も緊張していることが多いものです。「どんな参加者が来ているのだろうか」「自分はついていけるのだろうか」「講師はどんな人だろうか」など、不安材料は数多くあります。

　こうした緊張感のある空気を早い段階で和らげ、落ち着いて学習に集中できる状態をつくるのも、講師の重要な役割です。

　オープニングで達成したいことは次の３点に集約できます。

POINT!

◎オープニングの目的

- この研修で学ぶことが、参加者自身にとってメリットがあると感じてもらう（積極的に学ぶ姿勢になる）
- 研修の場を、「居心地が良い」「この場に存在していたい」と感じてもらう
- 「全員が主体的にかかわる研修」であることを、体験をとおして感じてもらう

オープニングのデザイン

こうした目的を達成するため、オープニング全体は、以下のようなデザインをします。

なお、オープニングにかける時間の目安は、次のとおりです。

《オープニングの時間の目安》

研修時間（全体）	オープニングの時間
1〜1.5時間	3〜5分
3時間〜半日	10〜15分
1日	20〜30分
2日	30分程度

POINT!

◎効果的なオープニングのデザイン

1. 研修内容と関連性があり、インパクトのあるアクティビティ

参加者の最大の関心事を打ち破り、研修内容に意識を集中させ、インパクトのある内容にする。人は最初と最後をよく記憶するので、研修の内容の大切なメッセージをここに入れる。問いかけやクイズなどで考えてもらったり、参加者が手を動かすアクティビティを入れたりするなどして巻き込む

2. 研修目的やアジェンダの説明

得たい成果、目的と内容がどうリンクしているかを明確にする

さらにこれを、講師が伝えるのではなく、「ワークブックに目をとおして学びたいページに印をつけてもらう」など、参加者に能動的にかかわってもらう方法で行い、より主体性を引き出すのも良い

開始、終了時刻を確認するほか、休憩時間を伝えておくことで参加者の途中の離席を防ぐ効果もある

3. グラウンドルールの確認

「建設的な発言をする」など研修を充実させるための依頼を伝え、参加者の了解を得る。3つは講師が提示し、4つめは各チームで設定してもらうなど自主性を促す方法も有効

4. 参加者同士の自己紹介

ペアや数人のチーム内での自己紹介とする。この際、研修の内容に関連する情報も盛り込んだ自己紹介になるよう導く。また1人あたりの時間の目安を伝えるなどし、参加者間でのばらつきが大きくならないように配慮する

5. 講師の自己紹介

このテーマ・内容で講師を務めるのにふさわしい人物であることがわかるような自己紹介の内容にする。配付する資料やワークブック、壁の掲示物にプロフィールを掲載しておくことも有効

多くの研修では、「1.研修内容と関連性があり、インパクトのあるアク

ティビティ」がなく、「2.研修目的やアジェンダの説明」から始まっているのではないでしょうか。もしくは「5.講師の自己紹介」や、事務局からの事務連絡から始まるケースも多いかもしれません。

　オープニングの目的である、「メリット」を感じてもらうために、とくに工夫が必要なのは、**「1. 研修内容と関連性があり、インパクトのあるアクティビティ」**です。ここで参加者の興味をひきつけ、続く**「2. 研修目的やアジェンダの説明」**において、参加者が学ぶメリットを確認し、学ぶモードにスイッチが入る状態をつくるのです。

　2の研修目的やアジェンダの説明も、講師が一方的に話すのではなく、「この研修で何を学んで持ち帰りたいか」を、参加者自身が話したり、書いたりする時間を設ける方法も、参加者の主体性を引き出せます。

　その場合、「とくにない」というようなネガティブな反応を避けるために、「貼り出されたアジェンダを見て、興味のあるトピックにシールを貼る」「使用する教材を見て、興味のあるページに印をつける」などの個人ワークを行い、それをチーム内でシェアしてもらいます。

　こうしたアクティビティには、上の空で聞いている状態を打破するだけではなく、まわりの参加者と話をするきっかけを提供することができるといったメリットもあります。研修開始時には参加者も緊張していることが少なくないというのは、先ほども述べたとおりです。まわりの参加者との対話は、緊張感を和らげる効果もあるのです。

「3.グラウンドルールの確認」と**「4.参加者同士の自己紹介」**は、さらに居心地の良い場づくりに大きく影響します。

　グラウンドルールは、講師側からいくつか提示することが一般的ですが、より主体性を引き出したい時や、否定的な参加者が存在することが予測されるような場合は、参加者自身で話し合って設定する、あるいは追加する方法も有効です（そうしたアクティビティをデザインすることも可能です）。

　また、参加者同士の自己紹介では、ペアなど少人数から始めて、徐々に人数を増やすようデザインします。

　全員の前で一人ずつ行う自己紹介は、とても緊張感が高いため、ストレスに感じる人が多い方法です。嫌な緊張感は、学習能力を低下させてしまいますし、自分が何を話すかを考えることに意識が集中し、他の人の自己紹介の内容を覚えていないことが多いのも現実です。「居心地の良さを感じてもらう」という目的を考えた際、「全員の前で一人ずつ自己紹介を行う」というのは、避けたほうが良いと言えるでしょう。

　研修内容に関連性がある内容を盛り込んだ自己紹介を、ペアや５〜６名のチームで行うなどして、嫌な緊張感を高めることなく、お互いを知る機会をつくります。

　そして、「**5. 講師の自己紹介**」で、この講師から学ぶことのメリットを感じるように、講師の自己紹介内容を準備しておきます。

　なお、１〜３時間のように短時間の研修の場合は、「３．グラウンドルールの確認」「４．参加者同士の自己紹介」を割愛してもかまいません。その場合、「１．インパクトのあるアクティビティ」での問いかけに対して考え、それを隣の人と伝え合うなど、少しでもいいので周囲と話すきっかけをつくります。

オープニングのアクティビティをデザインするポイント

　以上をもとに、オープニングのアクティビティをデザインするポイントをまとめます。こうした視点でデザインすることで、目的に沿ったオープニングを行えるようになるでしょう。

◎オープニングのアクティビティをデザインする

●開始時刻より早く会場に到着している参加者に、講師から笑顔で話しかける
●掲示物やグッズなど、興味を引くものを置いておく
●研修で取り扱うもの（商品、機械など）の実物を用意できる場合は、実物をテーブルに置いておく
●最初に問いかけやクイズが出され、その先が知りたいと思える内容にする
●問いかけをして、答えを考えて書き留めてもらったり、隣の人と対話してもらったりする
●参加者に問いかけたり、課題に取り組んでもらったりして、参加者が口と手を使う機会を早いタイミングでつくる
●研修に参加してくれたことに敬意を表する
●チーム内など少人数での自己紹介
●自己紹介のトピックとして、研修の内容に関係があることを含めてもらう（例：リーダーシップ研修で「尊敬する歴史上の人物」を自己紹介に含めてもらうなど）
●事前課題の確認を行う場合、自己採点など成績を公開しない工夫を図る

NG例

- ●地味で無機質な空間で参加者を迎える
- ●この研修が企画された背景、位置づけなどを淡々と事務局や講師が話す
- ●講師が一方的に長々と話す（聞いているふりをしながら、ほかのことを考え続ける可能性が高い）
- ●全員の前で1人ずつの自己紹介
- ●事前課題の理解度確認問題を出し、1人ずつ指名して答えさせる
- ●わざと失敗させる
- ●「できていない」「業績が悪い」から研修に送られたという趣旨の発言
- ●事前課題が未完了だったり、成績が良くなかったりすることを公表する
- ●研修内容とは関係のないアクティビティや自己紹介で盛り上がる
- ●世間や社内で最近話題になっていることなど、研修内容に関係のない話をする
- ●緊張した面持ちで講師の自己紹介を行う
- ●研修目的、アジェンダ、講師の自己紹介などを一方的に講師が緊張した空気の中で話し続ける

　オープニングで、参加者が研修内容に対する興味を強め、自分に役立ちそうだと感じ、学ぶモードへのスイッチを入れるのは、とても大切なことです。そのための方法として、講師が研修の目的やメリットを伝えることはもちろん良いのですが、「法則2　人は自分が口にしたことは受け入れやすい」を応用することもできます。たとえば、**「何を学びたいか」を参加者自身が自分の言葉でアウトプットするようなアクティビティ**を準備しておくことをお勧めします。

　その際、早い段階でいきなり「今日の研修で何を学びたいですか？」というオープンクエスチョンを投げかけることは避けましょう。「まだわかりません」などのネガティブな反応を引き起こすリスクもあるので注意が必要です。

　研修前に上司がきちんと意義を伝え、明確な目的意識をもって集まって

いる研修であれば問題はありませんが、そうではない場合、下記のような
方法のほうが、より建設的な時間になります。

◎**オープニングで「何を学びたいか」を参加者自身の言葉でアウトプ
ットする（例）**
- ワークブックに目をとおして、学びたいと思うページに印をつけ、
  それをチーム内でシェアする
- アジェンダや学ぶトピックが書かれたリストを用意しておき、とく
  に興味があるものを選んで投票する

私（中村）が会社員だった頃に経験したことです。

以前、勤務していた会社（A社とします）では、研修の前に、上司と部下
がしっかりと対話をし、「研修の目的や意義」「なぜあなたがこの研修に参
加するのか」「研修後にどんなことを実践するのか」などを部下が理解し
てから研修に参加するのが当たり前のことでした。ですので、研修開始時
に、講師（ほぼすべてが社内講師でした）は、一人ひとりに、「今日何を学び
たいと思って研修に参加するのか？」を聞くことが当然のことのように行
われていました。

その後、転職した先の会社で、私はA社で行われていたように「今日何
を学びたいと思って研修に参加するのか？」といった問いかけを参加者に
しました。A社のような取り組みが当たり前だと思っていたからです。

問いかけに対する答えは、「上司からとりあえず行けと言われてきたの
で、よくわかりません」「まだ研修の内容が始まってないので、今日何が
学べるのか、まだわかりません」などでした。

これにはとても驚きました。そういうリアクションをする参加者が、「と
てもやる気のない人」に見えてしまったからです。

しかし、すぐに思いなおしました。

「あ、この会社では、上司と部下との対話がしっかりされていないんだ。
わかりません、というのは、とても正直なコメントであって、別にやる気

がないとか、私に対して攻撃的だというわけではないんだ」

　こうした経験をしたことで、私自身、あまりに早いタイミングでのオープンな問いかけは避け、先ほど紹介したような方法を用いることを実践しています。

アクティビティ②　クロージング

クロージングの目的

「人は最初と最後は記憶しやすい」ため、オープニング同様に大切なのが、クロージングです。学んだ内容について振り返ったり、今後の実践に向けてアクションプランを立てたりします。

　クロージングで達成したいのは次の３点です。

POINT!

◎**クロージングの目的**
- 学んだ内容を確認する
- 達成感や充実感があり、職場に戻って実践しようという気持ちになる
- 今後の実践に向けて、アクションプランを立てる

クロージングのデザイン

　参加者主体の研修手法では、これを**参加者が主体的に動く方法**で行うというのが最大のポイントです。つまり、研修の要点を講師がリピートするのではなく、参加者自身が振り返り、整理し、理解の確認をするようなアクティビティをデザインしておき、ファシリテーションを行うのが講師の役割です。

　なお、クロージングにかける時間の目安は次のとおりです。

《クロージングの時間の目安》

研修時間（全体）	クロージングの時間
1〜1.5時間	3〜5分
3時間〜半日	10〜15分
1日	20〜30分
2日	30分程度

また、研修のクロージングは次のようにデザインします。

POINT!

◎効果的なクロージングのデザイン

1．アンケート記入
一通りのコンテンツが終了したところで、先にアンケートを記入してもらう

2．習得したことの確認をする
その日の内容を振り返り、全体感、優先順位の整理などを行ったり、理解度チェッククイズなどで習得内容の確認を行ったりする
また、その際、達成感、理解・習得できたという自信など、ポジティブな感情を生むようにする

3．アクションプランを立てる
個人でアクションプランを書き出し、ペアやチームでシェアする

4．メッセージ性のあること
3まで行い、講師からの励ましの言葉で終了しても良いが、記憶への定着や実践に向けての意欲を高められるようなインパクトのある内容を最後に加えることも効果的（例：研修内容を実践して大きな成果を出した事例の紹介、行動を促す言葉、成功場面をイメージしてもらう写真の活用など）

ここでの注意点は次の3点です。

①アンケートや事務連絡を最後にしない

まず、アンケートや事務連絡を最後にしないこと。**「人は最初と最後は記憶しやすい」**ので、最後はメッセージ性のある重要なポイントで終わるようにデザインします。

②参加者自身が能動的に取り組めるようにする

「2.習得したことの確認をする」は、参加者自身が能動的に行えるようなアクティビティをデザインします。ここでの講師は、まとめて伝えるのではなく、ファシリテーションを行うことに専念します。

③アクションプランを立てる時間をとる

アクションプランを立てる時間を研修内に設ける、という点はとても重要です。
「職場に戻ってから整理しましょう」としてしまっては、忙しくて先延ばしになってしまう可能性があります。それに、たとえ翌日に時間をとったとしても、忘却曲線（82ページ参照）をたどって、すでに覚えていないことも多いでしょう。**「2.習得したことの確認をする」**や**「3.アクションプランを立てる」**は、1日の最後に1日分を全部まとめて行うのではなく、90分ごとの休憩に入る前に2〜3分の時間をとって取り組んでもらうと、さらに効果的です。
「2.習得したことの確認をする」同様、**「3.アクションプランを立てる」**においても、講師は、ファシリテーションの役割に徹します。

クロージングのアクティビティをデザインするポイント

以上をもとに、クロージングのアクティビティをデザインするポイントをまとめます。こうした視点でデザインすることで、目的に沿ったクロージングが行えるようになるでしょう。

○クロージングのアクティビティをデザインする

- イメージが具体的であればあるほど実践の確率が高まるので、アクションプランは、抽象的な言葉ではなく、可能な限り具体的に書いてもらう（5W1Hを明確にするなど）
- アクションプランは、うまくいかない状況も想定し、それをどう乗り越えるかのイメージも描いてもらう
- 最終確認テストは満点がとれるような内容・レベルにする
- 研修スタート時に取り組んだ課題に再度取り組んで、知識・スキルが増えたことを実感してもらう
- アクションプランをシェアし、お互いに励ましのコメントを述べ合ってもらう
- 各項目の重要ポイントを、参加者が自分の言葉であらためて表現してみる
- 学んだ内容やポイントを、職場で実践する際の流れに沿って整理する
- 学びや実践しようと考えていることの優先順位を整理する

- 「職場に戻ったら忘れないうちにアクションプランを立ててください」と伝えるだけで、研修のクロージングでアクションプランを立てる時間をとらない
- アクションプランを「〜を意識する」「〜に気をつける」「〜の重要性がわかりました」など具体的なアクションが見えない表現のままにする
- わざと難しい課題を出し、失敗やできないという経験で終わる
- 得た知識やスキルを実感しないまま終わる
- 細部に焦点を当てた確認テストなどだけで終了する
- 大事なポイントを講師がまとめて話し、参加者は聞くだけの受け身の状態で振り返る

【アクションプラン　シート例】

○研修中に記入するシート例

学び・気づき・重要ポイント	実践・活用のアイデア

○研修後の実践へ向けてのアクションプラン例

今回の研修での学び・気づき　ベスト３

1.

2.

3.

アクションプラン

目的・目標	アクション	期限

各トピックのオープニング／クロージングをデザインする

　ここまで、研修全体でのオープニングとクロージングについて検討してきました。

　研修をスタートする時のオープニングはもっとも大切な時間ですが、同様に、各トピックにおいてもオープニングが重要な役割をはたします。つまり、「トピック１」が終わって「トピック２」に移る際、「トピック２」のオープニングが同様に必要になるわけです。

　各トピックでのオープニングは、当然ですが、自己紹介などは必要ありません。

「１．研修内容と関連性があり、インパクトのあるアクティビティ」を行い、そのトピックを学ぶ「目的」を確認して、内容に進むという流れになります。

「90/20/8」の法則にのっとって、90分をひとつのまとまりとしてデザインしている場合、90分の内容に対して３分程度をオープニングに使います。

　なお、クロージングも同様です。

　研修の最後のクロージングは大切ですが、各トピックのクロージングも重要な役割をもっています。そこまでの時間を振り返り、**重要な点を整理したり、書き出したりし、実践しようと思うこと（アクションプラン）を書き出したり、シェアしてもらったりします。**

　90分の区切りで休憩に入る前に、３分程度をクロージングとして使います。

アクティビティ③　リビジット

リビジットの目的

　人の記憶には、一時的に保管されているだけの**短期記憶**と、長期的に保管されている**長期記憶**があります。受け取った情報は時間とともに忘れられてしまうのです。

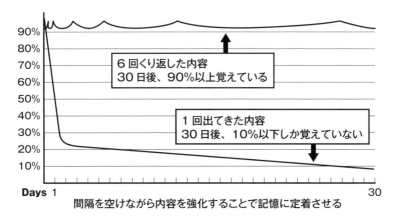

図2-1　エビングハウスの忘却曲線

　研修で学んだことのうち、重要な点を長期記憶へ移行するサポートとして欠かせないのが、**リビジット**です。リビジットを20分に1回行うデザインにすることが大切なのは、1-3で述べたとおりです。
　参加者主体の研修手法では、このリビジットについても、**参加者が主体的に動く方法**で行います。つまり、研修の要点を講師がリピートするのではなく、**参加者自身が振り返り、整理し、理解・確認するようなアクティビティ**をデザインし、学習を促していくのです。

リビジットの目的は、以下の2点です。

```
POINT!
```

◎リビジットの目的
- ●重要なポイントをくり返す
- ●重要なポイントを整理する

リビジットのデザイン

　ここで取り上げるリビジットは、20分という研修デザインの最小単位におけるリビジットです。そのため、1分〜2分と比較的短い時間でできるアクティビティをデザインしていくことになります。

　具体的には、以下のようなアクティビティをデザインします。

◎リビジットのデザイン

重要なポイントをくり返す	●理解を確認するための問いかけに対して答えを考える（2-2 問いかけ④で詳しく紹介します） ●重要ポイントを覚えているか確認する ●確認クイズに回答する
重要なポイントを整理する	●重要なポイントに印をつける ●重要なポイントを書き出す ●重要なポイントを3つ挙げる ●重要なポイントを挙げ、なぜ重要かの理由も加えてシェアする ●重要なポイントを挙げ、どう活用するかをイメージし、書き出したりシェアしたりする

リビジットのアクティビティをデザインするポイント

リビジットをデザインするうえでは、次の3つの点に気を配りましょう。

ポイント① 新しいコンテンツを入れない

リビジットは、学んだ内容を振り返って確認や整理をすることが目的です。ですので、リビジットの際に学んでいない内容を含めることは避けます。

NG例
・「ちなみに」「余談ですが……」と講師が別の話をする
・基本パターンを教えた後に、教えていないイレギュラーや応用を考えさせる（このようなアクティビティは、リビジットではなく、新しい（次の）コンテンツなのでリビジットには組み込まないようにする）

OK例
・空欄に入る単語が思い出せるかペアで確認する
・出てきたキーワードを3つ言えるか、ペアで確認する

ポイント② 重要なポイントに焦点が当たるようにする

20分の中での重要点に再度注目してもらえるようなデザインにします。当たり前すぎる、ふつうすぎるなどの気持ちが働き、重要点ではなく細かいポイントを覚えているかなどの確認をしないようにします。

・細かすぎる内容のクイズ
・説明を省略した箇所で、ワークブックなどを読めば答えられる質問
・覚えていなくても良い数字や名前などを覚えているかを確認し、盛り上がる

・20分の中での重要点に関する確認クイズ
・重要点を覚えているかどうかを確認する問いかけ

ポイント③　成功体験にする

　リビジットは、テストではありません。全員がすべて正解しても良いのです。小さな成功体験を積み重ね、ポジティブな感情を維持したまま研修を続けることができるような難易度にします。大事なポイントを整理し、くり返すことで長期記憶への定着がサポートできれば、目的は達成です。

・基本事項のリビジットなのに、応用問題を出題する
・スキルに関して、できていない点ばかりを指摘する

・基本事項で、全員が答えることが目標である内容の確認クイズ
・スキルに関しては、できている点を認め、ほめて、励ます

アクティビティ④　エナジャイザー

エナジャイザーの目的

エナジャイザーとは、**脳を活性化させるアクティビティ**のことです。

脳は体積としては体全体の３％程度ですが、血液中の酸素の約20％を消費すると言われています。研修中は、常に脳が活性化された状態で学習に集中してほしいのですが、時間帯やペース、内容によって眠くなってしまうのは、人間である以上、仕方のないことです。

そこで、頭を使うエナジャイザー（クイズ的なもの）や、体を動かすエナジャイザー（体操やボールなど小道具を使いながらの対話など）をデザインし、参加者の眠気がさめるようなファシリテーションを行いましょう。

POINT!

◎エナジャイザーの目的
- ●脳を活性化させる
- ●研修に集中できる状態をつくる
- ●体を動かしてリフレッシュする

エナジャイザーのデザイン

オープニングやクロージング、リビジットは、研修内容に関連があることが大切なのですが、エナジャイザーは研修内容とまったく無関係のものでも問題ありません。たとえば、「１分間柔軟体操をする」というものでもかまいません。

でも、せっかく研修の時間を使うのであれば、もっと楽しめたり、参加

者同士の交流ができたりすると、より効果的です。

　脳を活性化させる方法として、**体を動かすこと、脳を刺激すること、場所を変えること**というパターンが考えられます。

○脳を活性化させる方法

体を動かす	研修中は、座る時間が長くなるが、学習の効果という点から考えると、脳が良い状態を保つためにもっと体を動かすような場面・必要性を設定する （例）立ち話、アクティビティが終わったら座る（立ってアクティビティをし、終わったら座る）　など
脳を刺激する	クイズなどに取り組んでもらって脳を刺激する。頭を使うことで、脳への刺激になり、活性化される効果がある （例）休憩が終わって再開する時などに豆知識のようなクイズを出して参加者に考えてもらう　など
場所を変える	場所を変えるとリフレッシュになるので、環境が許す範囲で、グループワークや個人ワークなどを場所を移動して行う （例）後方の空いているスペースを使う、（状況が許せば）ロビーや外に出てアクティビティを行う　など

エナジャイザーをデザインするポイント

　エナジャイザーをデザインする際は、次の３点に注意します。

ポイント①　変化がある
　場の空気を変えるのもエナジャイザーの大切な役割です。ボールを使う、全員が立って一列に並んで順番に発言するなど、動きを伴い、これまでと変化があるものになるように工夫します。

ポイント②　ケガをしたりするリスクがない
　ストレッチや柔軟体操など、体を動かすこともお勧めなのですが、ケガをする人が出たりしないよう、十分に配慮します。また、スペース的な余裕を確保することも大切です。

ポイント③　楽しめる
「失敗をして恥をかく」「自己開示を強く求めすぎて嫌な思いをする」など、ネガティブな要因がないようにします。エナジャイザーは活性化が目的ですので、とにかく楽しめることが欠かせません。

アクティビティ⑤　EATの「E」──「経験」

EATの「E」──「経験」の目的

　研修の構成順序について、1-3でEAT（経験─気づき─理論）という考え方をご紹介しました。ここでは、EATの「E」、つまり、「経験」「体験」に関するアクティビティのデザインについて、考えていきます。

　参加者主体の研修では、参加者自身の経験を重視します。なぜならば、参加者自身が経験から気づきを得たうえで理論の補足や解説を行うことで、学習内容がより納得しやすくなる、受け止めやすくなる、理論に対する理解が進む、レベル差のある参加者がいてもついていきやすくなる、などのさまざまなメリットがあるからです。

POINT!

◎「E」──「経験」のアクティビティの目的
- 最初に全員で共通の体験をすることで、その後に理論を学ぶ際の土台をつくる
- 参加者に知識レベルや経験に差がある中で、共通の基盤をつくる
- 先入観や固定観念なく体験し、その後の理論への納得度を高める

「E」（経験）のアクティビティをデザインするポイント

　まず、EATの順序でデザインする場合、「E」には次の２つのパターンがあります。

◎ EAT の「E」の２つのパターン
- 「その場で体験する」
- 「もっている知識や過去の経験を引き出す」

　ここでは「その場で体験する」というパターンについて整理します（「もっている知識や過去の経験を引き出す」というパターンについては、2-2で考察します）。

　「その場で体験する」というパターンでは、理論を学ぶ前にケーススタディや、ロールプレイ、課題解決などに取り組んでもらったり、疑似体験をしてもらったりすることになります。
　そうした体験をするアクティビティをデザインするうえでは、次の２点に注意します。

①自尊心が傷つくほどの失敗をさせない

　理論を学ぶ前に課題に取り組んでもらうということは、完璧な回答を期待するわけではありません。とは言え、誰しも失敗して恥をかいたりはしたくないものです。誰も手も足も出ないような難易度には設定せず、**基本的なことはうまく進められるけれども、新しく学ぶポイントについては課題が浮き彫りになるくらいのレベルに設定します。**
　また、個人で取り組む場面があってもかまいませんが、個人で取り組んだ後に、ペアやチームで協力すると正答率や精度が上がります。個人ワークの後に、ペアやチームでのワークを行ってから発表するデザインにし、**個人の失敗が全体の前であからさまにならないようなプロセスを設計して**おきます。

・いきなりロールプレイをしてもらい、失敗させる
・難易度の高いテストを行う

 ・接客・販売などで、講師が良くない例をやって見せ、参加者に客役をやってもらい、問題点に気づいてもらう
・動画を活用して状況を見せ、その状況で何をするか、どう対応するかなどを検討してもらう
・チームで何かを完成させるなど、結果を出すプロセスを体験する

②現実への結びつけに無理がない、もしくは、リアリティのある内容にする

　チームで協力して課題を達成した後にチームワークについて振り返る、などの疑似体験をデザインする場合、その内容から参加者の現実の状況への落とし込みがスムーズにイメージできる内容をデザインします。あまりにたとえが飛躍していると、「アクティビティとしては楽しかったけれども、現実への落とし込みがイメージできない」など、目的を見失ってしまう可能性があります。

　たとえば、アウトドアで何らかのアクティビティを行い、チームワークやリーダーシップについて学ぶようなデザインにすると、「アウトドアで起きる状況が現実の職場とは乖離していて、うまく落とし込めない」といった方が出る可能性があるでしょう。

　また、ロールプレイを行ったり、ケーススタディに取り組んでもらう際も、**できるだけリアリティがあるものにする工夫**が大切です。「こんな上司（部下）はいない！」「こんなお客さまは絶対にいない！」と思うような状況設定になってしまうと、現実味がなく、取り組む意欲が下がってしまいます。

ケースを複数用意しておいて、どれに取り組みたいかを参加者が選ぶ形式にすることで、そのような課題が緩和されることもあるでしょう。

・運動やゲームなど競争の要素が強く、夢中になるわりに、現実との結びつきがイメージしにくい設定のアクティビティ
・「恥ずかしい」「つらい」などネガティブな感情をもつ人が多いようなアクティビティ
・まったく異なる環境での異質な体験の後の振り返りと落とし込みのプロセスが明確ではないアクティビティ

・ビジネスゲームなど、現実の状況と結びつきやすい内容のアクティビティ
・まったく異なる環境での異質な体験の後、そのプロセスを振り返り、体験からの学びを深めるプロセスが綿密にデザインされているアクティビティ（詳しくは2-2を参照）

2-2

問いかけをデザインする

　研修で行うことすべてに目的がある、というのは2-1の冒頭でもお伝えしたことです。アクティビティはもちろんのこと、研修の中で講師が参加者に問いかける質問についても同様に、明確な目的や意図をもって行う必要があります。

　では、目的に沿った「問いかけ」とはどのようなものでしょうか。また、どのような問いかけを行えば、目的をかなえることができるでしょうか。以下で詳しく検討していきます。

本項の Key word

「問いかけの質」
「オープンクエスチョン」
「クローズドクエスチョン」
「問いかけの4つの種類」

問いかけの質を高める

問いかけの質が学びの質を左右する

——次のような場面を見たことはないでしょうか？

　　一方的な説明が続いていて、参加者がなんとなく眠そうになってき
ています。あるいは、聞いてはいるようだけど、理解されているのか、
はたして前向きに受け止めているのかといった反応が知りたいと感じ
始めました。そこで次のような問いかけをしました。

　「ここまでのところ、いかがでしょうか？　ご理解いただいています
か？」
　（シーン）
　「何かご質問ありませんか？」
　（シーン）

　　あまりに反応がなく、いたたまれなくなり、次のように問いかけま
した。

　「△△さん、いかがですか？」
　「あ、はい、大丈夫です」
　「ありがとうございます。では〇〇さん、いかがですか？　何か感想
などありませんか？」
　「あ、大丈夫です……ただ、ちょっとうちのチームで実践するのは難
しいかなぁ……とは思います」
　「どのあたりが難しそうですか？」
　「あ、でも心がけ次第なので、がんばってみます」

さて、このケースの場合、講師と参加者の対話の中で、どんな目的が達成できたでしょうか?

講師が達成したかったのは、おそらく次のような目的でしょう。

○問いかけで達成したかった目的

・講師からの一方的な説明を中断する
・参加者が考える時間をつくる（参画を促す）
・参加者の理解度を確認する
・参加者の実践のイメージをシェアしてもらう
・参加者の懸念を聞き、解決策を考える

しかし、このケースにおいて、これらの目的が達成できたとは思えません。

まず、たった2人の発言だけなので、ほかの参加者がどうなのかを知ることはできていません。また、発言をした2人についても、内容はとても表面的・断片的なので、本当に理解していたのかなどの真意は量れません。

しいて言えば、1つめの、講師の一方的な説明を中断する、ということは達成できたでしょう。

実際の研修でも、「講師の一方的な説明が続くと良くないから、とにかく参加者に何か発言してほしい」と、その場の思いつきで質問が投げかけられる様子をしばしば見かけます。しかし、残念ながら質問の内容は、研修の貴重な時間を使う割に達成できるものが少なかったり、思わぬ否定的な発言などを誘発してしまい、ファシリテーションが難しくなったり、時間のロスにつながったりするリスクが大きいものが多いようです。

しかし一方で、質の高い問いかけをすることで、参加者全員に参画を促したり、参加者の理解を確認したりしながら、効果的な学習を進めることもできるのです。そのために必要なのが、**「何を達成するための質問なのか」** という目的を設定し、デザインすることです。

以下のページでは、「問いかけ」「質問」のデザインについて検討してい

きましょう。

オープンクエスチョンとクローズドクエスチョン

　問いかけとは、講師から参加者に投げかけられる質問のことです。問いかけ、質問に対して参加者が、個人やペア、チームなどで考えたり、ディスカッションをしたり、答えを見つけたりします。

　問いかけの内容は大きく分けると、オープンクエスチョンとクローズドクエスチョンがあります。
　それぞれのメリットとデメリットや注意点は次のようにまとめることができます。

	メリット	デメリット・注意点
オープンクエスチョン	●発言や考えを促すことができる	●予測していない返事への対応が難しい ●オープンすぎると答えにくい
クローズドクエスチョン	●理解確認、事実確認などに向いている	●対話が発展しにくい ●内容や言い方によっては尋問のようになる

　対話を発展させるには、できるだけオープンな問いかけをしたほうが良いように思っている方も多いようですが、そうとは限りません。
　場面や目的に応じて、使い分けることが重要なのです。

　これら2つの特徴を考慮したうえで、以下では、場面・目的に応じた効果的な問いかけを検討していきましょう。

問いかけの目的

　そもそも、講師からの問いかけ・質問は、何を達成することが目的なのでしょうか？

　さまざまなことが考えられますが、次の4つの点に集約することができます。

POINT!

◎問いかけの目的

- 効果的な問いかけにより、気づきや学びを深めたり、参加者同士の学び合いを促進したりする
- 答えを教えてもらうのではなく、自ら発見するプロセスを体験することで、主体性を引き出す。また、考えるプロセスを学ぶことで、職場に戻った際に自立して行動できるよう支援する
- 自らの発言を自分事と捉え、自己責任感を高める
- 重要ポイントや、理解した内容を確認する

本書では、これらの目的の達成をサポートするための「問いかけ」を、次の４つのシーンに分けて整理していきます。

　事前に準備すること（デザイン）と、当日の運営のポイントをそれぞれ検討していきましょう。

◎問いかけの４つの種類

シーン	基本原則との関連（1-3）
気づきを深める	EAT（経験─気づき─理論）またはTEA（理論─経験─気づき）の構成順序で研修をデザインする際の「A（気づき）」に当たる部分（**「気づき」を深めるための問いかけ**）
知識を引き出す	EAT（経験─気づき─理論）の構成順序でデザインする際の最初の「E（経験）」に当たる部分（**もっている知識・経験を引き出すような問いかけ**）
参画を促す	「90/20/8の法則」という時間配分に基づき、**8分ごとに参画を促す際の問いかけ**
リビジットをする	「CSR（コンテンツ・参画・リビジット）」の３つの要素で20分をデザインする際、**20分に一度入れるリビジットの問いかけ**

問いかけ①　気づきを深める

経験からの学びを深めるために

「学習の法則１　大人は大きな身体をした赤ちゃんである」

　この法則を覚えていますか？　子どもだけではなく、大人も経験から学ぶことは大きいというものでした。研修では、研修の場だからこそできる体験をしてもらったり、これまでの経験を引き出して、その経験から得るものをより深めたりしたいものです。

　89ページでは、どのように「経験」をデザインするかを考察しましたが、ここでは、その**「経験」からの学びを深めるための問いかけ**について考えていきます。

CASEをもとに検討していきましょう。

　チームワークについての研修です。
　冒頭に、チームで取り組むアクティビティが用意されています。数人のチームで、制限時間内にとある課題を完成させることが課せられます。そうした課題に取り組むプロセスにおいて、どのようにチームワークが発揮されるかを体験し、後に振り返りを行い、日頃の業務に当てはめて考察する、という目的でデザインされていました。
　アクティビティの制限時間が終わりました。課題を完成できたチームもあれば、完成できなかったチームもあります。
　講師は参加者に、振り返りをするように促します。

　「では、チームで取り組んだ今のアクティビティについて、振り返りを行いましょう。各チームで、うまくいった点、うまくいかなかった

点を、２つずつまとめてください」

　ディスカッションの後、各チームからの発表があります。そこで出てきたのは次のような内容でした。

うまくいった点
・チーム内のコミュニケーション：お互いに意見を言ったり、傾聴したりできた
・役割分担：やっていることが重ならないように、お互いに確認しながら進められた

うまくいかなかった点
・時間管理：時間配分をきちんと決めていなかったので最後は焦った
・完成までの計画や役割分担：全体の時間と進め方を最初に計画すれば良かった。役割分担についても、自発的に行動できたものの、もっと良い分担があったのではないかと思う

　とくにここで出てきた「気づき」について、どのように感じましたか？
　こうした気づきは、たしかに間違いではありません。ここでの発表を受けて、この後に用意しているチームワークについての研修コンテンツに結びつけて解説することもできそうです。
　しかし、この振り返りと発表はとても表面的なものだと言えます。たしかにアクティビティのプロセスについての振り返りはできていますが、「チームワーク」という研修のテーマから考えると、もう少し深い洞察があると尚良かったのではないでしょうか。
　では、経験からの学びを深めるためには、どのような問いかけが有効なのでしょうか。

「経験学習」を深めるための問いかけをデザインする

　大人の成長を決める要素として、しばしば引用される数字に、「70：

20:10」というものがあります。その内訳は、次のとおりです。

◎**大人の成長と「70:20:10」**
70：仕事の経験
20：他者の観察やアドバイス
10：本を読んだり研修を受けたりすること
（出典：『職場が生きる　人が育つ　「経験学習入門」』　松尾睦p48）

　人は職務上の経験で大きく育ちます。ただし、この経験は、ただ単に「日常業務をこなす」という意味ではなく、**「新しいこと、はじめてのこと、より高い目標へのチャレンジ」**などの要素が含まれていることが大切です。さらには、そうした経験をやりっぱなしにするのではなく、**内省し、学びとして落とし込むプロセス**も重要なのです。その際に基盤となるのが、「経験学習理論」で知られるKolbの**経験学習サイクル**です。「経験学習理論」で知られるKolbの経験学習サイクルは図2-2のとおりです。

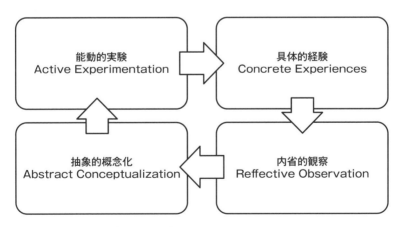

図2-2　経験学習サイクル（Kolb 1984）

（出典：『経験学習論』　中原淳p93）

経験からの学びを深め、確実にするために、「経験学習論」のフレームワークに当てはめて考えると、次のような問いかけが考えられます。

◎経験学習論のフレームワークと「問いかけ」の例
　1. **具体的経験**：「7分という時間内に、誰が何をした・言ったか、しなかった・言わなかったかをできるだけ正確に、順を追って思い出してください」
　2. **内省的観察**：「1 で思い出したそれぞれの言動は、チームとしての目標達成に、どう貢献しましたか？　またマイナスになったことがあったとすれば、それはどのような点でしたか？」
　3. **抽象的概念化**：「チームワーク、チームで目標を達成するという場面において、大切なのはどのようなことでしょうか？」
　4. **能動的実験**：「次に同じような機会がもしあれば、どのような点を活かしますか？」

1つひとつ検討していきましょう

---

　1. **具体的経験**：「7分という時間内に、誰が何をした・言ったか、しなかった・言わなかったかをできるだけ正確に、順を追って思い出してください」

　この問いで、**具体的に何が起きたか**を思い出すことがポイントです。夢中になるあまり自分の言動を覚えていないことも多いのですが、自分の言動を客観的に、俯瞰的に見ることを**「メタ認知」**と呼びます。このメタ認知を行うことは、成長や学びに貢献します。
　もし思い出すことが困難なことが予測される場合は、オブザーバーを設定して記録をとったり、動画で記録したりしても良いでしょう。

> 2. **内省的観察**：「1で思い出したそれぞれの言動は、チームとしての
> 目標達成に、どう貢献しましたか？　またマイナス
> になったことがあったとすれば、それはどのような
> 点でしたか？」

　1のような具体的な出来事を振り返ったうえで、**それぞれの言動の評価**を行うのが2の段階です。ここでは、「貢献したかどうか」を問いかけていますが、基準値を示すことができれば、その基準にのっとってチェックしても良いでしょう。たとえば、上司と部下のコミュニケーションについてのロールプレイの後、上司がとるべきコミュニケーションチェックリストにのっとって、できた項目とできなかった項目を確認する、などです。

> 3. **抽象的概念化**：「チームワーク、チームで目標を達成するという場
> 面において、大切なのはどのようなことでしょう
> か？」

　さらに3は、**個別の経験を一般化、抽象化**するステップです。1と2を踏まえ、一般的に「良いチームワーク」のための言動を考察していきます。

> 4. **能動的実験**：「次に同じような機会がもしあれば、どのような点を
> 活かしますか？」

　そして最後の4で、今後への活用を考察していきます。

　このように経験学習論のモデルをベースに、順を追って問いかけをすることで、学びを深めることができます。

99ページのCASEの問いかけは、1を飛ばして2と3を同時に行っているような展開になっていたため、「教科書的な浅い回答」しか出てこなかったと言えるでしょう。

経験学習論の言葉はやや難解なので、さらにシンプルにしたフレームワークを以下にまとめます。

POINT!

◎気づきを深めるための問いかけ

1. 何が起きたか、具体的な言動を思い出して確認する
「今のプロセスを思い出しましょう。誰が何を言った（行った）かを順に思い出して、確認しましょう」

2. 1のそれぞれの言動について、目的に対してプラスとなったこと、マイナスとなったことを判断する
「目的達成に大きく貢献したことは何でしたか？　逆にマイナスになったことは何でしたか？」

3. テーマとなっていることに対して、一般的に何が良くて、何が良くないかを検討する
「1と2のことを踏まえ、○○について大切だと感じることを挙げてください」

4. 今後に何をどう活かすかを考える
「次の機会に何をどう活かしますか？」

問いかけ②　知識・経験を引き出す

オープンすぎる問いの問題点

　次に検討したいのは、過去の経験や、もっている知識を引き出すための問いかけです。
「経験や知識を引き出す」という目的のもと、行われがちなのが、次のような問いかけです。

（例1）「良い（理想の）〇〇とは？」

・良い「リーダー」とは？
・良い「販売員」とは？
・良い「接客」とは？
・良い「電話対応」とは？

　研修のテーマによって「〇〇」の部分は異なりますが、理想や良い状態がどういうものか、過去の経験をもとに話し合ってもらうのが問いかけの目的でしょう。講師の理論を押しつけるのではなく、参加者の意見を引き出す、一見、双方向な研修にするための良いアイデアに思えます。
　しかし、この問いかけには、さまざまな問題を引き起こすリスクがあります。
　この質問はオープンすぎるものなので、参加者は思いのままに答えることになります。その結果、下記のような場面を誘発しやすくなってしまうのです。

・**研修として用意している内容と異なる見解が出てきて、軌道修正が難しくなる**

・参加者の意見を否定しなければならないような発言が出てくる
・参加者の持論が展開され、対応に困る
・参加者同士の考えが合わず、議論が白熱し雰囲気が悪くなる
・質問がオープンすぎるため、何を答えて良いかピンとこない
・教科書的な、表面的な答えしか得られない
・「現実にはそんな理想のリーダーはいない」などというあきらめの空気
　が漂う

　このような場面に遭遇したことがある、あるいは経験したことがあると
いう方も多いのではないかと思います。
　さらに厄介なのは、**こうした場面に講師がうまく対応できないと、参加
者との信頼関係を構築するのが難しくなってしまう**ことです。それが後々
に「否定的な発言をする」「斜に構えている」「挑戦的な発言をする」とい
う、いわゆる「**対応が難しい参加者**」を生む火種になることも少なくあり

ません。それでは、せっかく参加者の意見を引き出し、双方向的な研修にしようと思って問いかけをしたことが、かえってマイナスになってしまいます。

とは言え、一方的に、「リーダーとはこうあるべき」と講師から押しつけても、参加者の共感を得ることは難しいでしょう。

では、どのような問いかけをしていけばいいか、以下ではいくつかの言い換え例を見ていきましょう。

「経験」を引き出す問いをデザインする

まず、過去の経験を引き出す問いかけとして、次のように言い換えた場合、いかがでしょうか。

（例2）　言い換え例

 ・「"提案型営業"とは？」
・「どのような営業がすばらしい営業でしょうか？」

 ・「今までした買い物で、予定はなかったけれど何かを提案されて購入し、結果としてとても良い買い物ができたと感じている経験はありますか？」

このような問いかけの場合、自分自身の成功事例や失敗談ではなく、第三者の話なので客観的に話すことができます。また、実在する人の話なので、具体的かつ現実的な内容で話ができるでしょう。

経験上、このような問いかけをした場合、研修内容として用意している

ことと大きくずれたり、対立したりするような回答が出てくることはほとんどありません。もし参加者から意外な内容の発言が多少は出てきたとしても、実在する人についての事実なので、それを否定する必要はなく、「そう感じる人がいる」「そんな（めずらしい）ケースもある」という事実として受け止めれば良いでしょう。

　そして、参加者の発言を肯定して受け止めたあと、講師が用意している研修内容から補足するという流れをとります。このようにすることで参加者も講師の話を受け入れやすくなります。

「知識」を引き出す問いをデザインする

　「経験」に加えて、参加者がもっている「知識」を引き出す問いかけについて検討していきましょう。

　たとえば、次のような問いかけをした時、どのような反応が返ってくるでしょうか。

（例3）「知識」を引き出す問いかけ例
　・「〇〇について知っている人はいますか？」
　・「〇〇を聞いたことがある人はいますか？」

　「知っている」「聞いたことがある」という人が参加者がいた場合、挙手してくれる確率はどれくらいでしょうか？

　もちろんその時々の参加者のキャラクターや、組織文化によっても差はあるでしょうが、一般的にあまり多くの方は手を挙げないのではないでしょうか。参加者の立場になってみれば、「ここで手を挙げたら、指名されて質問されるのではないか。それは困る」と思う方が多いでしょう。

　もし、手を挙げた人に対して、実際に

「△△さん、ご存じでしたか？　では、○○について知っていることを少しお話いただけますか？」

などと問いかけたりしたら、「これからは絶対に手を挙げないようにしよう」と思う人が出ても不思議ではありません。
「知識」を引き出す際も、オープンすぎる問いには注意が必要なのです。

知識を引き出す際の問いかけは、**クイズ形式**にするのがお勧めです。
たとえば、次のようなクイズ形式の問いかけをすることで、無理なく自然に参加者の知識を引き出したり、理解度を確認したりすることができるでしょう。さらに、「問いかけられて考えた後に解説を聞く」というEATの流れにできるため、「解説を聞く」という行為が、「答え合わせ」になります。そのため、ただ受け身に情報を受け取るのではなく、より興味をもって聞いてもらえます。

POINT!

◎知識を引き出す問いかけ：クイズ形式

- 「正しい文はどちらでしょうか？」
- 「正しい組み合わせはどれでしょうか？」
- 「A、B、Cのうち、正しいのはどれですか？」
- 「空欄に入る数字・言葉を埋めてください」
- 「この文章の中に間違いの箇所があります。それはどこでしょうか？」
- 「正しい手順に並べてください」
- ＊まずは個人で答えを考えてもらい、その後ペアや数人のチームで検討するなどのアクティビティにするのも効果的

問いかけ③　参画を促す

「個人で考える」ことを促す問いかけ

　1-3で「90/20/8」という時間配分の原則をお伝えしました。これに基づいて研修をデザインする際、8分に1回参画を促すことになります。

　しかし、ここでの参画は、すべてがディスカッションを行ったりチームでのアクティビティを行ったりすることではありません。

「8分に1回の参画」とは、「講師が参加者に問いかけて、個人で考える」ことだけでも十分に効果があるのです（もちろん、個人で考えたあとにディスカッションやチームでのアクティビティを行う、という方法も有効です）。

　ここではとくに、「講師が参加者に問いかけて、個人で考える」というケースを想定して、問いかけをデザインしていきましょう。

　「8分に1回の参画」での問いかけの目的としては、次の2つが考えられます。

　　1.　講師がこれから話す内容について、聞く前にまず考えてもらう
　　2.　ここまでのコンテンツを振り返ったり、応用を考えたりする

　1の目的の場合は、問いかけ②「知識・経験を引き出す」ための問いかけとしてご紹介した、クイズ形式が有効です。

　一方、2の場合は、たとえば次のような問いかけを行います。

- 「〇〇が大切だとお伝えしてきましたが、では、それはなぜでしょうか？　その理由を考えてみてください」
- 「AとB両方のメリットとデメリットをお伝えしましたが、〜〜という状況ではみなさんはABどちらを選択しますか？　その理由は何です

か？」
● 「〇ページの内容で、自分の仕事にとくに役立つと感じた点はどこです
か？」
● 「〇ページの内容を個人でもう一度確認し、重要だと思う点２か所に線
を引いていただけますか？」

これらは、リビジット（内容の振り返り）に当たるものです。

つまり、８分に１回の参画では、**「問いかけ②　知識・経験を引き出す」**
という目的でクイズ形式の問いかけをしたり、**「問いかけ④　リビジット
をする」**という目的の問いを行ったりするという２つの選択肢が考えられ
るのです。

「問いかけ②　知識・経験を引き出す」についてはすでに検討しましたの
で、続いて「問いかけ④　リビジットをする」について詳しく考えていき
ましょう。

問いかけ④　リビジットをする

タキソノミーの「認知過程次元」に基づく問いかけのデザイン

「リビジットをする」と言っても、ただ単に重要点を覚えているかを問いかければ良いということではありません。

　ここでは、Benjamin Bloomのタキソノミー（教育目標分類学）に沿って、目的と質問例を整理します。タキソノミーの「認知過程次元」は次の図のようにまとめられます。

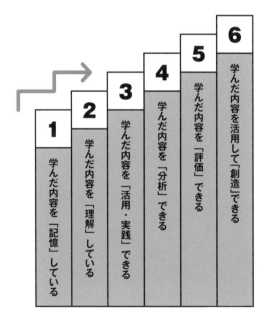

図2-3　タキソノミーの認知過程次元

1　学んだ内容を「記憶」している

2　学んだ内容を「理解」している

3　学んだ内容を「活用・実践」できる

4　学んだ内容を「分析」できる

5　学んだ内容を「評価」できる

6　学んだ内容を活用して「創造」できる

　最初の段階は、学んだ内容を**「記憶」**していること、次は学んだ内容を**「理解」**していること、そして３つめは学んだ内容を**「活用・実践」**できること。タキソノミーによると、さらにその内容が全体像や目的に対してどう関連しているかなどを**「分析」**できること、**「評価」**できること、それらを活用して新しいものを**「創造」**できることへと続きます。

　研修の目的である「結果を出す」に至るためには、少なくとも３つめの段階（活用・実践）まで到達している必要があります。もしかしたら、内容によっては最上位段階の「創造」まで求められることもあるでしょう。
　ただ話を聞くだけではこの段階に到達するのが難しいことは言うまでもありません。自分で「創造」できるようなレベルに至るように研修を設計するのは、講師の重要な役割なのです。

　ここで検討している「問いかけ」も、参加者の理解度を高めるうえでとても大きな役割をはたすものです。

　問いかけをしようと思う内容について、タキソノミーのどのレベルに到達することを目標としていますか？
　その目標に至るのに適切な問いかけとなっているでしょうか？

　以下では一つひとつの段階にあわせて考えていきましょう。

レベル１　学んだ内容を「記憶」している

　このレベルでは、**参加者が学んだことを覚えているかどうかの確認ができる問いかけ**を用意します。学んだ内容について、そのままの状態で思い出せるかを確認するのが目的です。

◎レベル１「記憶」：問いかけ例

- 「ここまでにご紹介した３つのポイントの１つめは何でしたか？」
- 「この理論を開発した人は誰でしたか？」
- 「この手法の最大のメリットは何でしたか？」

このレベルの問いかけによく使われるのは、「〜は何 / 誰 / いつ / どこ / でしたか？」などを使った質問や、「〇点挙げてください」など覚えていることを確認する質問です。

レベル２　学んだ内容を「理解」している

このレベルでは、学んだ内容をそのまま覚えていれば答えられるものではなく、**複数の情報を組み合わせたり分類したり咀嚼したりしたうえでの回答**を求めます。

たとえば次のような問いかけです。

◎レベル２「理解」：問いかけ例

- 「リーダーシップを発揮するための５つのポイントのうち、最も大切だと思うのはどれで、その理由は何ですか？」
- 「リーダーシップを発揮する５つのポイントを、実践している人の例を思い出して、その人の具体的な言動を紹介してください」
- 「みなさんのまわりで起きていることを、この３つの分類に当てはめて整理しましょう」

このレベルの問いかけによく使われるのは、「**例を挙げる**」「**選ぶ**」「**整理・分類する**」「**自分の言葉でまとめる**」などです。

レベル3　学んだ内容を「活用・実践」できる

このレベルでは、**参加者は学んだ内容を他の状況や自分に当てはめることができるようになっているか**を確認します。
たとえば次のような問いかけです。

> **POINT!**
>
> ◎**レベル3「活用・実践」：問いかけ例**
> - 「今学んだ内容を、自分の状況に当てはめて、どのように実践していこうと考えていますか？」
> - 「この理論を自分の仕事のどのような場面でどう活用しますか？」
> - 「もしあなたがこの状況に遭遇したら、どのような行動をとりますか？」

このレベルの問いかけによく使われるのは、「**実践する**」「**活用する**」「**行動する**」などです。

レベル4　学んだ内容を「分析」できる

このレベルでは、参加者には学んだ内容を分解し、必要に応じて活用したり別の組み合わせを考案したり、また、原因や理由を特定したり、解決策を導き出したりすることを求めます。
たとえば次のような問いかけです。

Training Facilitation Handbook　115

◎レベル4「分析」：問いかけ例

- 「こうしたことが起きる主な原因は何でしょうか？」
- 「○○という意見が根強いのですが、それはなぜだと思いますか？」
- 「AとBのメリットとデメリットを整理して検証しましょう」
- 「AとBはどういう点で異なるか、自分の言葉でまとめましょう」

このレベルの問いかけによく使われるのは、「原因を分析する」「検証する」「対策を検討する」「まとめる」「簡潔に説明する」などです。

レベル5　学んだ内容を「評価」できる

このレベルでは、参加者には学んだ内容について**「判断」**することを求めます。たとえば、意思決定の際の情報の価値（例：その情報に基づいて意思決定を行うのが適切か）や、問題解決の際の解決策（例：どの解決策がもっとも適切か）などについて判断します。

ここでは、たとえば次のような問いかけを行います。

◎レベル5「評価」：問いかけ例

- 「ここまでの内容で最も役立つのはどの情報ですか？」
- 「ここでのAさんの行動は正しかったでしょうか？　それはなぜですか？」
- 「A案とB案、どちらがどういう点で優れているかを比較検討してください」
- 「3つの選択肢の中で最も有効だと思うものはどれですか？　またその理由は何ですか？」

　このレベルの問いかけによく使われるのは、「**判断する**」「**もっとも○○な××を選ぶ**」「**比較する**」「**評価する**」などです。

レベル6　学んだ内容を活用して「創造」できる

　このレベルでは、参加者に学んだ内容から新しい何かを創り出すことを求めます。得た知識や情報から新しいものを創造したり、課題・問題に対する解決策を考案したりするのです。
　たとえば次のような問いかけです。

POINT!

◎レベル6「創造」：問いかけ例
- 「これらの情報を活用して、この課題に対する解決策を考案してください」
- 「ここまでの内容を活用して、この状況に対する打開策を提案してください」
- 「ここまでの学びを活かして、自分自身の現状に当てはめ、課題解決に向けて何を行うか、アクションプランを作成してください」

　このレベルの問いかけによく使われるのは、「**作成する**」「**計画する**」「**立案する**」「**考案する**」などです。

　このように、取り扱ったコンテンツについて、**どのレベルまで達成することを目的としているのかによって、問いかけのレベルを調整**していきます。それぞれのレベルを見極め、具体的な質問文をあらかじめ用意しておくことが大切なのです。

ここまで４つのパターンに分けて、問いかけの質を高める方法を検証してきました。

　このように精査して準備した問いかけは、実際の**研修の前にシミュレーションしておく**ことをお勧めします。

　誰かに協力してもらい、用意したコンテンツの概要を伝え、用意した問いかけをその方に投げるのです。そして、参加者になったつもりで回答してもらいます。戻ってきた回答が、あなたが意図したような回答であれば、その問いかけは良い問いかけになっていると判断できます。一方で、思わぬ方向の回答だったり、回答するのが難しいというようなリアクションだったりした場合は、問いかけをもう一度精査する必要があることを示唆しています。

　研修中の全部の問いに対してこのシミュレーションを行うのは難しいかもしれませんが、とても重要なものについては、このプロセスを経ておくことをお勧めします。

2-3

学習効果を高める場をデザインする

　ここまで「アクティビティ」「問いかけ」について考えて
きましたが、学習をゴールに導くファシリテーターとしての
講師が留意する必要があるのは、こうした研修のコンテンツ
にかかわることだけではありません。研修が行われる「場」
「環境」も、学習効果を高めるうえでとても大切なものです。
　では、どのような場・環境をデザインするのが適切なので
しょうか。以下のページで具体的に検討していきましょう。

**本項の
Key word**

「環境設定」
「安心して学べる場」
「会場設営」
「ツール」

学びの質を高める環境をつくるには

環境が学びの質を左右する

　1-3でご紹介した学習の法則を覚えていますか？
　法則３に次のようなものがありました。

「学習の法則３　習得はいかに楽しく学ぶかに比例する」

　講師はエンターテイナーではないので、おもしろがらせる必要はありません。しかし、「楽しい」という感覚は脳に好影響を与えます。
　一方で、嫌な緊張感は記憶力を低下させます。また、ポジティブな感情と結びついた情報は長期記憶に留まりやすくなりますが、ネガティブな感情と結びついた情報は、記憶に留まりづらくなります。

　なお、「楽しい」というと、「研修は真剣に取り組むべきなので、楽しい要素なんて不要」ということをおっしゃる方が一定程度います。
　「楽しい」という言葉に、「ふざける」「まじめに取り組まない」といったイメージを抱いているのかもしれませんが、これは誤解です。**「楽しい」＝「ふざける」「ふまじめ」ではない**のです。
　真剣な中にユーモアや笑いがあっても良いですし、知的好奇心が刺激されてどんどん吸収している状態も「楽しい」ことではないでしょうか。
　日本では、何においても「まじめ」であること、もう少し極端に言うと「苦行」が過大評価される傾向があるように感じます。しかし、**脳科学的には過度なストレスは学習能力を低下させる**と考えられています。また、ネガティブな感情と結びついた情報よりポジティブな感情と結びついた情報のほうが長期記憶に残りやすいというのはくり返しお伝えしていることです。

　研修での学びの効果を最大化し、学んだことを実践する確率を高めるためには、ポジティブな感情を抱いてもらえるような、**安心して学べる場**を設計することが欠かせないのです。それは、ファシリテーターとしての講師の重要な役割なのです。

　そこで、以下では、「環境」に着目して、学習の効果を高めるうえでどのようなデザインを行えばいいかを考えていきます。

快適で居心地の良い環境をつくるには

　「安心して学べるという場」をつくるには、**参加者が研修の場にいて快適で居心地が良い環境**が必要です。

　なお、「居心地の良さ」には、心理的側面と物理的側面があります。

　基本的な考え方を以下にまとめます。

POINT!

◎安心して学べる場とは

○**心理的側面**
- ・「尊重されている」と感じる
- ・「自分の発言が受け入れられている」と感じる
- ・その場に自分の存在の必要性を感じられる
- ・「この場に存在していたい」と感じる
- ・「このメンバー（講師および他の参加者）と時間を過ごしたい」と感じる
- ・自分で選んだり、決めたりする自由がある（すべてを講師や他の人から指図されると受け身になり、苦痛になる）

○**物理的側面**
- ・温度や明るさが快適
- ・広さに余裕がある
- ・視界に入るもの、におい、音などが快適で明るい雰囲気である

以前、講師養成研修において、参加者の方がこんなコメントをしてくれたことがあります。

「ここは安心して学べる場ですので、みなさん安心していろいろ発言してくださいね！」って言ったからといって、「ああそうなんだ、じゃあ安心して発言しよう」なんて思いませんよね。「安心して学べる場だ」と言いながら、実際は真逆なことを色々やっていました

ガチガチに緊張させるようなことを色々やっておいて、その後、「アイスブレイクしなくちゃ！」と、自分で固めた氷を割ろうと必死になっていました

　安心して学べる環境づくりを考えていく前に、ここでのコメントで言われるような「真逆なこと」や「ガチガチに緊張させるようなこと」について、いくつか例を挙げます。
　知らず知らずのうちに行っていることがないかどうか、振り返ってみてはいかがでしょうか。

◎安心して学べる環境にはつながらない逆効果の事例

○開始時刻の前
・講師はギリギリまで控室にいて、開始時刻直前に会場に入ってくる
・座席が指定されていて、自由がない
・参加者はお互い話をするでもなく、緊張しながらただ座って待っていたり、それぞれメールチェックなどを無言で黙々と行っていたりする

○開始時

・事務局がとても緊張しながら事務連絡をする

・続いて事務局が緊張しながら講師紹介をする

　→事務局の方は人前で話し慣れているとは限らない。さらに、「講師
　　紹介は間違えてはいけない」という緊張感があり、その緊張感が
　　伝染する

・部長など、上の役職の方がひと言述べる

　→上級職の存在自体が参加者を緊張させる。さらに、「しっかり学ぶ
　　ように！」などの話の内容でも緊張させてしまう

・研修の目的やアジェンダを述べる講師が緊張している

　→ここまでの緊張した空気の中、「では○○先生、よろしくお願いい
　　たします」とバトンを渡された講師も緊張して話し始める

・物理的環境も緊張を和らげるものではない

　→会議室など研修に使われる部屋は、グレーやベージュなど地味で
　　あることが多く、楽しいイメージではない。机の上に置かれてい
　　るものも資料やネームテントなど、とくに楽しそうな雰囲気のも
　　のはない

・飲食が禁止されている

　→研修会場の床のカーペットを汚さないためなど、理由はさまざま
　　であるが、飲食を禁止されていることもめずらしくない。ペット
　　ボトルの飲み物さえもバッグにしまうように指示されるケースも
　　ある

・後方にオブザーバーが大勢いる

　→後ろからの視線は緊張感を高める

・全員の前で一人ずつ自己紹介を行う

　→ここまでの内容をすべて行った空気の中で、参加者一人ひとりに
　　全員の前で自己紹介をしてもらうのは、「安心して学べる環境」に
　　つながらない行為として極めつけと言える

研修の会場／レイアウト

研修会場にあるものすべてが、参加者の印象をつくる

　前のページでご紹介したNG例を見て、いかがでしたでしょうか？

　こういった環境は、学習の効果を著しく損ねる可能性があります。せっかくコンテンツをつくりこんだとしても、**環境が整っていないと、参加者は学びに専念することができない**のです。

　では、具体的にはどのような環境をつくっていけばいいのでしょうか？

　研修開始時刻の前に、参加者のみなさんは会場にやってきます。

　部屋に入った瞬間に目にするもの、聞こえてくる音や声、その空気感……そうしたすべてのものから、参加者はその日の研修についての印象を形成していきます。

　研修に利用される一般的な会議室は、地味で無機質な印象の部屋が多いものです。リフォームなど大がかりなことをせずに会場の空気を和らげるために、何かできることはないでしょうか。

　また、研修開始前から、会場のレイアウトは整えているはずです。どのようなレイアウトが準備されているかによって、参加者が受け取る印象も異なってくるはずです（たとえば、スクール形式の場合は、講師の話を一方的に聞くスタイルだと思うでしょう）。

　研修で行われるすべてのものには目的があります。それは、環境においても同様なのです。学習効果を高め、実践につなげやすくする、といった目的に沿った環境をデザインできるように、隅々にまで留意していきましょう。

会場の準備

　まずは、会場の準備について検討してきます。研修のテーマ、目的に合わせた会場設営が重要ですが、典型的な会場設営6種類の方法のメリットとデメリットをまとめます。

◎会場設営の6つの方法とそれぞれのメリット・デメリット

	メリット	デメリット
①スクール型	●比較的多くの人数を収容できる ●設営に時間がかからない	●チームでのアクティビティに不向き ●受け身になりやすい
②シアター型	●会場の大きさによるが、とても多くの人数を収容できる	●メモをとりづらい
③コの字型	●講師から全員に目が行き届く	●参加者同士の対話がしづらい
④ボードルーム型	●特別感がある	●講師が参加者に近づきづらい ●後方からの視線や接近がストレスになる
⑤島型	●チームでのアクティビティがしやすい ●参加者同士の対話がしやすい	●スペースが必要 ●講師の死角に入る参加者が出る
⑥円卓型	●講師からの死角がほぼない ●参加者同士の対話がしやすい	●円卓のある会場が少ない

①スクール型

スクリーン

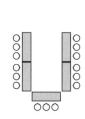

②シアター型

スクリーン

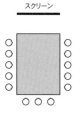

③コの字型

スクリーン

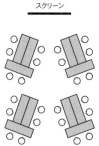

④ボードルーム型

スクリーン

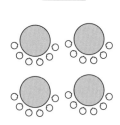

⑤島型

スクリーン

⑥円卓型

スクリーン

　参加者主体の研修を実施するうえでもっともお勧めなのは、「⑥**円卓型**」の会場設営です。５～６名を１チームとする島型（⑤）にも似ていますが、講師からの死角ができづらく、参加者同士の視線が真横や真正面にならないという点が大きなメリットです。

会場設営のポイント

　どの型で研修を行うにしても、次の３つのポイントに注意して会場を準備します。

> **POINT!**
>
> **◎会場設営のポイント**
>
> **①スペースに余裕をもたせる**
> 　大人の学習には、物理的なストレスがないことが非常に重要。どの型で設営するにしても、スペースには余裕をもたせよう。立ったり、ほかのチームの参加者と対話を行ったりすることを考えて、テーブルとテーブルの間は歩けるだけのスペースを確保する
>
> **②出入り口の位置は部屋の後方にする**
> 　やむを得ない理由で、途中で出入りする人のために、またオブザーバーの方の出入りが気にならないように、出入り口は部屋の後方になるように設営する
>
> **③必要なものをすべて設置する**
> 　参加者が使うテーブルと椅子以外にも次の３点は必ず設置する
>
> | リフレッシュメント用のテーブル | 飲み物やお菓子などを置いておく |
> |---|---|
> | 参考図書置き場 | その日のテーマ、トピックに関連のある書籍を展示し、自由に見てもらう |
> | 文具置き場 | 付せんなどの文具の予備を設置する |

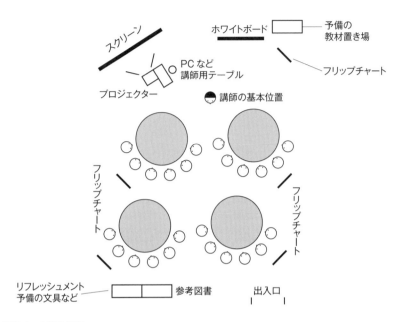

図2-4　会場設営例

　もっともお勧めは円卓型ですが、一般的な会議室に円卓はないので、その場合は長机を組み合わせた島型の形式にします。

座席の決め方

　研修の座席をどのように決めていますか？
「同じ部署の人やふだんから接点の多い人で集まらないように」などの理由から、座席を事務局が決めて指定することも多いようです。
　しかし、先ほどご紹介したように、安心して学べる場づくりに欠かせない要素のひとつに、**「自分で選んだり決めたりする自由がある」**という点がありました。
　講師や事務局からすべて指図され、そのとおりに動くことを続けていると、受け身な姿勢になってしまいます。それにもかかわらず、研修中（学

びの姿勢）や研修後（実践に移す際）に、「主体性」を求めるのは矛盾しているのではないでしょうか。

「たかが座席の指定で？」と感じるかもしれませんが、すべてのことが目的に沿ったものになるようにデザインすることが、講師の役割なのです。

そうは言っても、座席を自由に選ばせることに抵抗がある方も多いかもしれません。講師・事務局が座席を指定しなくても同じ部署の人が集まらないようにする方法として、次のようなものが考えられます。

POINT!

◎参加者の主体性を引き出す座席の決め方

- 「同じ部署の人（またはふだん接点が多い人）とは離れる」という意図を伝えたうえで、自由席にする
- くじやトランプなどを用いて決める
- 最初は自由に座ってもらい、開始直後に席替えをする

レイアウトや座席以外に、会場の空気を和らげるために、どんなことができるでしょうか？

　学びの効果を高めるためには、五感を刺激すると良いと言われます。研修会場に足を運んだ瞬間に目に入るもの、聞こえる音、可能であれば香り、飲み物などのリフレッシュメントの演出効果も考慮して、デザインしていきます。

視覚

　前述のように、研修が行われる会議室は地味で無機質な会場が多いので、ウェルカムボードや講師の自己紹介などをカラフルに描いて掲示しておくだけで雰囲気は変わります。

　カラフルな文具やストレスボール、クッシュボールなどを置いておくのも良いでしょう。

聴覚

　音楽を活用します。研修開始前には少しアップテンポな曲を選びます。研修開始前に音楽を流しておくことは、緊張した空気を和らげるのに役立ちます。

　また、ディスカッションやチームでのアクティビティの時にも、BGMを流します。音楽のリズムが会話のリズムに好影響を与え、テンポ良く対話をするサポートになる、音楽によってまわりのチームの声が遮断され、自分のチームの対話に集中できる、などといった効果があります。テンポの良い対話を促進したいので、スローすぎる音楽（たとえばヒーリング音楽など）はお勧めしません。

　また、個人で考える時間、個人ワークの時間には音が邪魔になる人も少なくないので、音楽は流しません。

　音楽を選ぶ際には、次の３点に注意が必要です。

> ◎音楽を選ぶ際の注意点
>   ・誰もが知っている曲は避ける
>   ・言葉が入っていないものを選ぶ
>   ・使用手続きが不要なものを選ぶ

嗅覚

可能であればアロマなどを活用するのも良いでしょう。最低限、不快な臭いがないように消臭します。

味覚

飲み物やちょっとしたリフレッシュメントを、自由にとれるように置いておくのも良いでしょう。リフレッシュメントを用意する際には、糖分の摂りすぎになりそうな甘いお菓子だけではなく、ナッツ類やドライフルーツなどもお勧めです。

ツール・道具を活用する

ツール・道具を的確に活用するために

安心して学べる場づくりには、さまざまなツール・道具が欠かせません。
ですが、残念ながら、こうしたツールが形骸化していて、本来の目的をはたせていないケースもあるので注意が必要です。

たとえば、「名札」は研修を効果的に行ううえで、とても大切なツールです。

研修で参加者に名札を用意することが多いのではないでしょうか。

首からかけるタイプ、安全ピンで胸に留めるタイプ、机上に置くテント
タイプなど、さまざまなものがありますが、みなさんはどんなタイプの名
札を活用していますか?

**名札を使ういちばんの目的は、講師や参加者同士がお互いの名前を知
り、呼び合えるようにすることです。**

ですが、「名前が見にくい名札」になっていることはないでしょうか?

たとえば、次のようなケースは、要注意です。

◎名札が形骸化しているケース

・首からかけるタイプだが、紐が長すぎて着席していると名札が見え
ない

・名札に書かれている字が小さくて読めない

・ピンで留めるタイプの名札が、下を向いてしまって名前が見えない

・机上に置くテントタイプの名札だが、席を離れて他のチームのメン
バーと混ざってディスカッションをする場面で、名札が机の上に置
き去りになっている

・そもそも一方的な講義の時間が長くて名前で呼びかけることがほと
んどない

「たかが名札」と思うかもしれませんが、ここに挙げたことはツールが形
骸化している例と言えます。

こうしたことが起こらないように、目的に沿ったツールの利用をしてい
きましょう。

ここで例に挙げた名札の場合、次の点に注意します。

POINT!

◎**安心して学べる環境をつくる名札の使い方**

- 立って移動しても名前がわかるよう首からかけるタイプ（もしくは、見やすいところに留めるタイプ）にする
- 紐の長さを調節し、座っていても見えるようにする
- 名前が大きく読みやすい文字で書かれている

参加者のために用意しておきたいツール

　ツールひとつで、発言を促したり、ディスカッションを活性化させたりすることもできます。たとえば、まずは個人で考えて付せんに書き出し、それをホワイトボードに持ち寄るという方法をとることもできるでしょう。道具としては、**付せん、記入するための太いペン**が必要です。

　なお、ペンの本数も重要です。ポイントは、**必ず全員に行き渡るようにする**こと。たとえば、5人のチームであれば、各チームに5本以上のペンを準備します。また、付せんも、用意されている数が多いと、「たくさん書くことが奨励されている」と無意識のうちに伝わります。

　こうした小さな工夫が、学習環境に大きな影響を与えるのです。

POINT!

◎各チームのテーブルに用意しておきたいツール

- ●付せん：量は多めに準備する
- ●太い水性ペン：最低でも1人1本以上
- ●クッシュボールやストレスボールなど

　なお、「**クッシュボールやストレスボールなど**」を準備することには、次のようなメリットがあります。

①にぎることができるため、身体を動かしているほうが集中できる人のサポートになる

②人数分あれば、「同じおもちゃを選んだ人でペアになる」など、チームをシャッフルする際に便利

　こうした道具は標準のものとして常に用意し、参加者が自由に使えるように各テーブルに置いておきます。

ファシリテーションを助ける7つ道具

講師と参加者の距離を近づけるには

　会場前方に設置されている演台。そこに講師のパソコンがあり、講師は
パソコンの前でスライドの操作を行っています。参加者にさまざまな問い
かけを行ったり、ディスカッションの時間を設けたりして、参加者の発言
を促しています。しかし、今ひとつ場の空気が温まりません――。

　ここで大きな問題として考えられるのは、**講師と参加者の間の距離**です。
　まず前提として、**参画型の研修を行うためには、講師は演台やパソコン
から離れて、部屋の中を自由に移動できる態勢をつくる必要があります。**
パソコンの前から動かずにずっとパソコンの操作をしているのでは、参加
者との距離感は縮まりません。

　研修の場面で、講師の自由度を高め、参画を促す強力なサポートツール
――ファシリテーションを助ける7つ道具を以下で紹介します。

7つ道具①　リモートマウス

　スライドの操作をするリモコンで
す。スライドを送る・戻すという基本
動作にポインターがついているものを
使っている方をよく見かけますが、他
にも次のページの機能もあるものがお
勧めです。参考までに、私は、「コク
ヨ 赤色 レーザーポインター」を愛用
しています。

コクヨ 赤色 レーザーポインター
品番：ELA-MRU41
画像提供：コクヨ株式会社
※緑色光タイプ（ELA-MGU91）
　もあります。

〈リモートマウスに必要な機能〉

ブラックアウト	●スライドは必要な時は見せ、必要ではない時は「ブラックアウト」(画面を真っ暗にすること) させる (人は明るいものに反応するため、スライドが投影されている時は、講師ではなくスライドに視線がいくため) ●①ポイントとビジュアルを大きく示したスライドを投影→②解説→③数十秒後にはブラックアウト→④次のスライドに移る際にまた投影する、といった使い方をするため、リモートマウスには、「ブラックアウト」機能があると便利
マウス	●後述のスクリーンに表示するタイマーを使う場合など、マウス操作ができると便利
音楽アプリの操作	●音楽については前述したが、音楽のスタートや停止などがリモコンで操作できると、パソコンの場所に行かずに済むため便利

　なお、レーザーポイントを多用する場合、ライトは緑色のほうが目に優しく、お勧めです。

7つ道具②　ピンマイク

　マイクはワイヤレスのほうが便利なのはもちろんですが、ピンマイクだと両手がフリーになるので、さらに便利です。
　リモートマウスをもって操作する、ホワイトボードに何かを書く、ジェスチャーをする、タイマーをセットする、ワークブックなど資料をもつ、付せんに書いて貼り出すなど手を使うことは多いものです。
　片手がハンドマイクでふさがっていると、いったんマイクを置いて何かの動作をする必要があり、その間、マイクを使って話すことを中断せざるを得なくなります。一方、ピンマイクだと両手が常にあいているので、中断する必要がなくなります。

7つ道具③　スクリーンに表示できるタイマー

　ディスカッションやワークの時間を管理するために、タイマーを使います。

　キッチンタイマーを利用している人をよく見ますが、キッチンタイマーだと、参加者と時間を共有することができません。

　そこでお勧めなのが、パソコンにインストールできるタイマーのソフトです。下記のように画面に表示し、スクリーンに投影することで、参加者にも残り時間が見える状態になります。時間が見えると、参加者自身が時間を意識してアクティビティを進めることができるので、時間管理が楽になります。また休憩時間も、残り時間を表示することで、時間どおりに戻ってきてもらえる確率が高まります。

　私自身はボブ・パイク・グループが作成したタイマーソフトを使っていますが、フリーソフトやアプリもあるようですので、探してみてください。

タイマー表示例（スクリーン表示にする）

7つ道具④　音楽

　前述のとおり、ディスカッションやチームでのアクティビティの時に、BGMを流します。

　音楽のリズムが会話のリズムに好影響を与え、テンポ良く対話をするサポートになる、音楽によってまわりのチームの声が遮断され、自分のチームの対話に集中できる、といった効果があります。

7つ道具⑤　エナジーチャイム

　終了の合図などに使うチャイムです。

　よく見かけるのが、半球の形の呼び出しベルですが、それよりお勧めなのが、エナジーチャイムです。

　これはヨガなどでも使われる楽器なので、音がとても優しく澄んでいます。チームでのアクティビティ終了やこちらに注目してほしい時の合図などに使用していますが、耳障りな感覚がなく好印象です。

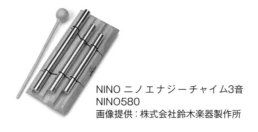

NINO ニノ エナジーチャイム3音
NINO580
画像提供：株式会社鈴木楽器製作所

7つ道具⑥　フリップチャート

　イーゼルと呼ばれることもありますが、大きな紙をつるして使うスタンドです。その紙はイーゼルパッドと呼ばれます。

　ホワイトボードとは異なり、書いた紙を切り取って壁に貼ることで、書かれた内容を残しておくことができます。**大切なコンセプトなどはポスターのように掲示しておくことで、何度もその内容を見て確認や振り返りが可能**です。この点は、過去のページを投影し続けることができないスライドとも大きく異なるでしょう。

　チームに１台ずつフリップチャートがあると、ディスカッションの内容などを記録し、残しておくことができるので便利です。また、研修のアジェンダや、グラウンドルールなども、壁に掲示しておくと、いつでも確認ができます。

　ホワイトボードでの代用も可能ですが、残しておけないこと、ペンについての遊びがない点がホワイトボードの難点です。

　可能であればフリップチャートの導入を検討してみてください。

フリップチャート
品番：
BB-GT32W4W4FCN3
画像提供：コクヨ株式会社

７つ道具⑦　カラフルで太い水性ペン（12色セット）

　前述のフリップチャートを使用して、イーゼルパッドに書くためのペンです。油性だと裏写りするので、水性のものを用意します。裏写りしないものであれば、イーゼルパッドを壁に貼り、そこに直接書くことで、フリップチャートなしでも活用することができます。

　ペンと言えば、通常、黒、青、赤の３色が定番です。実用的ではありますが、事務的な印象を与えかねません。
　一方、12色セットが各チームにあると、部屋にカラフルなペンで書かれたものが掲示されることになり、それだけで部屋の雰囲気が和らぐ効果があります。

2-4

安心して学べる関係性を
デザインする

　本書でご紹介している「参加者主体の研修」では、参加者
と講師はもちろんのこと、参加者同士の対話、交流が多くな
ります。参加者がお互いから学び合うように促していくの
が、講師の役割でもあるのです。

　しかし、あまり面識のない方同士が、いきなりオープンに
話し合うことはできません。参加者同士が安心して話し合え
るようになるには、関係性を構築するしくみと、講師の働き
かけが欠かせないのです。

　ここでは、そんな人間関係・対人関係のデザインについて
検討していきます。

本項の
Key word

「参加者と講師の関係性」
「参加者同士の関係性」
「自己開示」

「参加者」と「講師」の関係性を構築する

なぜ、「参加者」と「講師」の関係性の構築が必要なのか

　たとえ同じ情報でも、誰から受け取るかによって、信頼できたり、一方では信頼するのが難しかったりした経験はありませんか？

　たとえば、私（中村）は犬を飼っているので、獣医さんと接する機会があります。病院によっては、複数の獣医さんが勤務していることもあります。基本的にはかかりつけの先生に診察をお願いするのですが、事情により、診察を、いつもとは異なる先生が担当してくださることもあります。そんな時、説明を聞きながらも、不安な気持ちがぬぐえなかったり、どうも納得できなかったりすることがあります。それは、説明の内容そのものではなく、「いつもの先生」ではないため、その先生との関係性が構築されていないことも、とても影響が大きいと感じます。

　これは、ビジネスの世界でもよくあることです。

　プレゼンテーションに長けている経営者の方は、従業員の心をとらえ、動かすことができます。それは、ただ単にデリバリースキルがすばらしいだけではなく、その方がリーダーとして従業員から信頼されているからでしょう。逆に、いくらすばらしいビジネスプランを語っていても、そもそもリーダーとして信頼されていなければ、そのプランに賛同を得ることは難しいものです。

　講師も同じなのです。

　内容が有意義であることは前提として必要ですが、誰が伝えても同じなわけではなく、「この人から学びたい」という信頼を参加者から得ていることも大切です。**参加者の学習効果を高めるためにも、参加者との信頼関係を築いていきましょう。**

では信頼し合える関係性は、どのように構築していけばいいのでしょうか。

　以下では、「研修前」「研修当日（開始前・終了後／オープニング／休憩時間／研修中）」に分けて、参加者との信頼関係を築くために、講師ができることを考察していきます。

参加者との関係性を構築する①　研修前

　たとえ研修前でも、「研修」について何かしらの発信をしているはずです（研修の案内、事前課題のお知らせなど）。会社によっては、講師が直接行う場合もあれば、社内の担当者から行うこともあるなど、いろいろなケースがあるでしょう。

　いずれにしても、研修前の案内の中で、何らかの形で講師が紹介されていることが多いのではないでしょうか。参加者はその時点から、講師についてのイメージを形成します。

　そこで、**研修前に「どのようなメッセージを発信するのか」**を考えましょう。

　「どんな経歴の持ち主なのか」「なぜこの研修を担当するのにふさわしいのか」「どんな人となりなのか」などが垣間見えるプロフィール文を用意します。また、写真を掲載する場合は、与えたいイメージが伝わるような写真を活用します。たとえば、柔らかい雰囲気の人物であることを伝えたいのであれば、自然な笑顔は欠かせません。

　もし、名前、社名、部署名だけしか紹介していないのだとしたら、「何も伝えていない」のとほぼ同じことです。

　研修前に与える参加者へのメッセージ一つひとつに、目的をもたせましょう。

参加者との関係性を構築する②　研修当日／開始前・終了後

　研修開始直前の15分と、終了直後の15分は、講師は体をフリーにして

おきます。**目的は参加者とコミュニケーションをとることです。**

これを私たちは、「15分ルール」と呼んでいます。

研修開始前であれば、早く来ている参加者と会話をします。研修開始前は、何かと慌ててしまう方も少なくはないかもしれません。でも、直前までバタバタと準備をするのではなく、15分前までに必要な設営や機材チェックは終了させます。

また、終了後は質問をしたい参加者がいるかもしれないので、体をフリーにしておきます。終了と同時に急いで会場を去るのではなく、少なくとも15分の余裕をつくり出すようにします。

たとえ全員と話せなかったとしても、参加者に声をかけている講師の姿を見るだけで、参加者の講師に対する印象は変わります。とくに開始前のこうした講師の態度は、その日の研修全体に好影響を及ぼす可能性が高まるでしょう。

参加者との関係性を構築する③　研修当日／オープニング

講師の自己紹介は、参加者が講師の印象を決めるとても大事なものです。「なぜこの研修を担当するのにふさわしいのか」が伝わるような内容にしましょう。

なお、自己紹介をしている講師が緊張していると、その緊張感は参加者に伝染します。また、緊張して話す講師の姿を見た参加者は、不安に思うかもしれません。

リラックスして笑顔で話せるよう何度もリハーサルをしましょう。

オープニングは、参加者にとっても緊張感がとても高い状態です。ここでとくに注意したいのが、**参加者の自尊心を傷つけるようなことはしない**、という点です。

もちろん、オープニング以外でも、参加者の自尊心を傷つけるようなことは避けるのですが、とくに研修のオープニングの時点で傷つくようなこ

とが起きてしまうと、その参加者と講師が信頼関係を築くことは絶望的になってしまうと言っても過言ではありません。

　参加者の自尊心を傷つけないために「しないほうがいいこと」と「したほうがいいこと」を以下にまとめます。

POINT!

◎参加者の自尊心を傷つけないために

NG例

○「しないほうがいいこと」
・「業績が悪いから研修に呼ばれた」などマイナスな理由で開催している研修だという趣旨の発言
・無表情
・アイコンタクトや話しかけることなどをせず、最終準備に追われる
・事務局・担当者とばかり話していて、参加者に声をかけない

OK例

○「したほうがいいこと」
・体を参加者のほうに向け、オープンな姿勢をとる
・アイコンタクトをする
・笑顔で挨拶をする
・研修に参加してくれたことへの感謝やお礼を伝える
・名前で呼びかける
・ふだんどんな仕事をしているのかをたずねたり、事前課題がある場合はその感想を聞くなど対話をする

参加者との関係性を構築する④　研修当日／休憩時間

　休憩時間、講師は、参加者一人ひとりと個別に、そしてできる限り全員とかかわるようにします。

　講師が参加者全員に対して問いかけ、発言を受けてコメントをするなど

の対話をするというのは、研修中、頻繁に行われることですが、中には参加者一人ひとりと個別に話す機会がまったくないケースを見かけることもあります。

　参加者とコミュニケーションをとる「15分ルール」の目的は、研修前後だけではなく、休憩時間にも当てはまります。休憩時間中は、目安として半分の時間を参加者との個別の対話の時間とするようにします。

　たとえば、次のような問いかけをすると良いでしょう。

◎**休憩時間の問いかけ例**

　・「さっきの話は○○さんの仕事に当てはまりますか？」
　・「研修内容はイメージしていたものと合っていますか？」
　・「ふだんはどんなお仕事されているんですか？」

参加者との関係性を構築する⑤　研修当日／研修中

　参加者との関係性を築くために、研修中に講師が行うことには、本当にさまざまなものがあります。

　以下では、主なものを紹介します。

①**基本的な動作、立ち居振る舞い**

とくに、次のような動作、立ち居振る舞いに注意します。

POINT!

◎**基本的な動作、立ち居振る舞い**

- アイコンタクト：全員とまんべんなくアイコンタクトをとる
- 話しかけやすい表情
- うなずき：参加者の発言を聞く際、うなずきや相づちなどをしながら傾聴する
- 発言に対して、「ありがとうございます」と受け止める：すべての発言や質問に対して、「ありがとうございます」と返す
- 肯定する、認める：反対の見解を述べるようなことがあったとしても、発言の一部は肯定したり、「前提条件を変えたらたしかにそうなる」など、肯定したり認めたりすることを述べる

②**参加者全員を巻き込む**

講師は、一部の参加者だけではなく、参加者全員と関係性を築きます。一部の参加者だけが活発で積極的にかかわっているけれども、それ以外の人は少し距離を置いている、といったことにならないように、全員を巻き込む工夫を続けます。

全員を巻き込む工夫としては、次のようなことが挙げられます。

POINT!

◎全員を巻き込む工夫

- **話す前に個人で考える時間をとる**
  - （例）学習スタイル（53ページ）の差を考慮し、ディスカッションやチームでのアクティビティの前に、個人で考えをまとめる時間（考えた内容を付せんに書き出すなど）をとる
- **リーダーを決める**
  - （例）リーダーは固定せず、常に交代させる
- **発言を制限する**
  - （例）「1人30秒」「1人ひとつずつ」など、発言時間、発言量を制限する
- **道具を使う**
  - （例）道具が全員に行き届くようにしたり（5人チームの場合、ペンは最低5本など）、発言者は何かもつなどの工夫をしたりする
- **動きを伴って話す**
  - （例）全員が起立してひと言ずつ発言し、全員が発言したら座る。話したい内容を付せんに書き、チームごとにホワイトボードに移動し、書いた内容を示しながら話す

③ニュートラルな姿勢、先入観をもたない

参加者に対して、「モチベーションが低いのでは？」などというネガティブな感情をもたず、常にニュートラルな姿勢を保ちます。

研修にあまり積極的ではなさそうな参加者の言動を見かけることもあります。それでも、講師は「あの人はやる気がない」と決めつけてあきらめることなく、ニュートラルな姿勢をもち、巻き込む努力を続けます。

積極的ではなさそうな言動とは、たとえば次のようなものです。

◎積極的ではなさそうに見える言動（例）

　・ディスカッションの際に発言がない
　・メモをとらない
　・遅刻してくる
　・研修中に電話に出る
　・離席する
　・無表情
　・問いかけても「とくにありません」などの返事しかない
　・何をどう実践するかのイメージがわかないと言う
　・否定的な発言が続いている

　はたして、こういった参加者は「モチベーションがない」と言えるでしょうか。

　事実としては、「ほかの参加者が全員メモをとっている時に、その人はメモをとっていない」ということがあったのでしょう。ですが、だからと言って「あの人はモチベーションがない」と結論づける根拠にはなり得ません。

　その内容については熟知していてメモをとる必要がなかったのかもしれません。あるいは講師の話を聞き、刺激されていろいろな考えが浮かび、まずはそれを自分の中で整理するため、考えることに集中していたのかもしれません。ほかの例についても同様です。

　不可解な時には、参加者に個人的に直接問いかけてみるのも良いでしょう。

　ただし、問いかけ方には注意が必要です。たとえば、発言が多いほうが良いという考えを押しつけている印象になるような問いかけは避けます。

　先入観や偏見をもたず、ニュートラルに話しかけることがとても大切です。

◎参加者への問いかけ例：モチベーションがなさそうに見える場合

 「どうしてチーム内のディスカッションの際にあまり発言しないのですか？　もっと積極的に発言しましょう！」

 「チーム内のディスカッションの際にあまり発言されていないように見えるのですが、どうされましたか？」

④できていないことを指摘するのではなく、良い行動・望ましい行動を褒める

　グラウンドルールで設定したことなどに対して、守れていないことを指摘するのではなく、守ってくれている人やチームに対して感謝の言葉を述べます。たとえば休憩時間後に**「時間どおりに戻ってきてくださってありがとうございます」**などとコメントします。

「参加者」同士の関係性を構築する

参加者の視点に立って考える

　研修参加者同士は、どういう関係性でしょうか？

　公開研修の場合は、初対面の方がほとんどでしょう。初対面の方と苦労なくコミュニケーションがとれる方ばかりではないことは、留意する必要があります。

　また、社内研修であったとしても、初対面の方が多いこともめずらしくはありません。一方では、日ごろの人間関係が研修会場に持ち込まれることもあります。そのため、チーム編成によっては、学習上、悪影響が出る可能性もあります。

　参加者同士の関係性を構築していくうえでは、まずスタート地点として、**参加者がどういう方々で、どういう関係性のもとで集っているのか**という点を考えることが欠かせません。こうした点を認識したうえで、参加者同士が、**ムリなく、負担なく、お互いに安心して学び合えるような関係性をつくっていけるようなサポート**をしていきます。

　具体的なコツ、ポイントを以下にまとめます。

1対1から徐々に増やす

　関係性は、まず1対1からつくり、徐々にその数を広げていきます。

　これまでにもご紹介しましたが、研修のオープニングから、全員の前で自己紹介や何かを発表するといったことは避けます。最初は1対1で話し、次に3人から数人のチームで話すというように、少人数からスタートして徐々に人数を増やしていけるようにデザインします。

　大人数の前では緊張してしまう人でも、ペアであれば落ち着いて話せるものです。

自己開示は徐々に、自分の話したい内容で行ってもらう

　自己開示をするのが得意な人も不得意な人もいます。自己開示をすることがチームビルディングにつながることは間違いありませんが、強制されると嫌な思いをする人が出てしまうので、配慮が必要です。

　たとえば、いきなり自分のことを話すのではなく、「ＡとＢだとどちらが正しいと思うか」という話のほうが、自己開示をしなくてすみます。場が温まっていない段階では、後者のような内容で話してもらう場面を多くつくるようにします。

　とは言え、研修のオープニングでは、何らかの形で自己紹介を行ってもらうことが一般的です。

　その際は、たとえば次のようなアクティビティを活用して、参加者に話す内容についての選択の自由がある状況を用意するのもお勧めです。

○自己紹介のアクティビティ例：５つ選ぶ
　下記のような資料を配布し、この中から自由に５つ選んで自己紹介をしてもらいます。
　＊詳しい進め方は『研修アクティビティハンドブック』を参照

《資料例》

◎一般的なもの
- ●好きな食べ物は＿＿＿＿＿＿＿＿。
- ●好きな音楽は＿＿＿＿＿＿＿。
- ●好きなスポーツは＿＿＿＿＿＿＿。
- ●好きな休みの過ごし方は＿＿＿＿＿＿＿。
- ●まとまった休暇がとれたらやりたいことは＿＿＿＿＿＿＿。
- ●最近はまっていることは＿＿＿＿＿＿＿。
- ●出身地は＿＿＿＿＿＿＿。

●今住んでいる場所は＿＿＿＿＿＿＿＿。

●今日の研修で楽しみにしていることは＿＿＿＿＿＿＿＿。

●今日の研修で学びたいと思っていることは＿＿＿＿＿＿＿＿。

◎テーマ別：リーダーシップ、管理職、マネジメント研修

●部下の人数は＿＿＿＿＿＿＿＿。

●今のチームでうまくいっていると感じていることは＿＿＿＿＿＿＿＿。

●今のチームで課題だと感じていることは＿＿＿＿＿＿＿＿。

●リーダー・上司として心がけていることは＿＿＿＿＿＿＿＿。

●部下から言われて一番嬉しかったのは＿＿＿＿＿＿＿＿。

●尊敬しているリーダーは＿＿＿＿＿＿＿＿。

●部下育成の醍醐味は＿＿＿＿＿＿＿＿。

◎テーマ別：販売、接客、営業研修

●お客さまと接する時に気をつけているのは＿＿＿＿＿＿＿＿。

●お客さまから言われて一番嬉しかったのは＿＿＿＿＿＿＿＿。

●お客さまから言われてショックだったのは＿＿＿＿＿＿＿＿。

●苦手なタイプのお客さまは＿＿＿＿＿＿＿＿。

●この商品〇〇をぜひお勧めしたいお客さまは＿＿＿＿＿＿＿＿。

●今の私の一押しアイテムは＿＿＿＿＿＿＿＿。

●販売、接客、営業の醍醐味は＿＿＿＿＿＿＿＿。

　また、自分自身の成功体験や失敗談を話してもらうより、第三者の例で「良かった話・良くなかった話」をしてもらうなど、自己開示を強要せずに有意義なディスカッションができる工夫をしていきましょう。

シェアすることを予告する

　個人で考えたり、書き出したりした後に、誰かとシェアする時間があるのかどうかを予告しておきます。予告することで、開示して良いと思う内容だけを書くなど、参加者が判断できます。

シェアすることを強要しない

　書き出したことをシェアしてもらう場合でも、全部シェアすることを強要せず、参加者がそのうちの何を話すかを選択できるようにします。たとえば、次のように促します。

・「書いた中から、シェアしてもいいと感じるものを3つシェアしましょう」
・「今行った自己分析について、内容はすべて開示しなくても良いので、感じたこと、気づいたことなどをシェアしてください」

　このように伝えても、良い場ができていれば参加者が自ら開示してくれることも少なくありません。
　それは「強要」ではなく参加者自身の「選択」であるという点が大きな違いです。

話す相手についての選択の自由を与える

　ペアやチームを決める際、相手をすべて講師がインストラクションするのではなく、おもちゃやトランプなどでランダムに組み合わせを決めたり、参加者自身で誰と組むかを決めてもらったりします。
　先ほども述べたように、研修には、ふだんの職場の人間関係がもち込ま

れていることもあります。よって、「この内容についてはこの人と話したい（または、この人とここでその話はしたくない）」などという感情があって当然なのです。参加者は大人ですので、それを尊重します。

　ペアワークの相手を選ぶ際、**「いろいろな人とシェアすると、アイデアが広がるので、ふだんあまり接点のない人と組んでください」「今日まだ会話をしていない人と組んでください」「ここは深めてもらいたいので、業務内容がわかる人と組んでください」**など、意図を伝えて自由に組んでもらうようにします。このように促すことで、一部の参加者だけではなく、さまざまな方との関係性を構築することにつながるでしょう。

リーダーを固定しない

　チームのリーダーを固定してしまうと、その人の影響が大きくなります。たとえば、その人が研修に対してネガティブな意見をもっている人だと、チーム全体にその空気が広がってしまいます。またリーダー以外の人が研修にかかわる度合いが下がります。

　リーダーは固定せず、いろいろな方法でランダムに担当してもらうように運営します（174ページ参照）。

相手を固定しない

　リーダーを固定しないのと同じ理由で、ペアワークの相手やチームのメンバーもずっと固定させず、さまざまな人と話ができるようにシャッフルします。

　その際、テーブルにあるおもちゃやトランプを使って、「同じもの・マークをとった人がチームになる」などの方法もありますし、「自分のチーム以外で、ふだんあまり話す機会のない人と組んでください」と自主性に任せる方法もあります。

話す人数を固定しない

　メンバーだけではなく、人数も固定せずに変化をつけます。ペアで話す機会もあれば、3名の時もあり、また5～6名のチームの時もある、といった具合です。

　ペアワークはじっくりと話す機会になりますが、頻度が多すぎると考察タイプ（55ページ参照）の方には負担が大きくなります。数人のチームだと多くの人の見解や意見を出し合うには向いていますが、一人の発言量は減ります。

　こういった状況を考慮し、チームの人数は変化させながら進めます。

POINT!

◎チームの人数とそれぞれの特徴

	特徴
ペア	自己開示を求める、じっくり話してほしい、深く話してほしい時に向いている
5～6名	多様な意見・見解をシェアしてほしい、他の人から多く学んでほしい、アイデアを拡散してほしい時に向いている

＊多様性と参画性といった観点で、チームでのアクティビティやディスカッションに適切な人数は5～6名です

　なお、3名や4名などは、変化をつけたい時、メンバーをシャッフルしたい時などに用います。くじやトランプなどを使って、ランダムにチームをつくると遊び心があって楽しめるでしょう。

チームの一体感が生まれるようなアクティビティを行う

　共通点が見つかったり、共通の目的があったりすることは、チームビル

ディングに役立ちます。たとえば次のようなアクティビティを行うことで、チームビルディングの効果が期待できます。

◎**チームの一体感が生まれるようなアクティビティ例**
　・オープニングで自己紹介を行う際に、チームごとに自分たちのチーム名をつけてもらう
　・チーム全員で自分たちのグラウンドルールや目的を決めてもらう

競争はチーム単位で行う

　競争的な要素を取り入れることは、主体性を引き出すうえで効果的です。ここでのポイントは、「楽しめるレベルの競争」という意味での**「健全な競争」**をデザインすることです。

　まず、個人対抗にするよりチーム対抗にすることがお勧めです。また、正解数や成績を競うのではなく、時間を競うほうが安全です。

　競争や点数などで優劣がつくことへの印象・感じ方は、人によって異なるため、個人で競うスタイルにすると、参加者の自尊心を傷つけてしまうリスクがあります。

　たとえば「立って話し合いをして、終了したら座ってください」などと動きをつけると、早く終わろうとしてゲーム的に楽しんでもらえることが多いです。

ほめる・感謝するツールを提供する

　SNSでよく使われている「いいね！」を表現できるツールを用意することで、お互いを認めたり、ほめたりしやすくなります。シールをプレゼントし合う、ネームテントに星を描いていく、など簡単なツールを用意して活用してもらいます。

参加者が自由に役割を選べるようにする

　先ほど述べた「リーダー」のほか、「タイムキーパー」「書記」などの役割は、固定せずランダムにローテーションするようにします。とは言え、「参加者のみなさんで決めてください」などすると、かえって固定してしまうことも多いので、「一番早起きだった人が書記」などと、講師の側から促します。こうすることで、全員が主体性をもって研修に取り組みやすくなります。

第3章

ファシリテーションを
実践する

3-1

アクティビティ・ディスカッション を効果的に運営する

　ここまでは、主に研修前の準備（デザイン）の段階について検討してきました。ファシリテーションには、さまざまな視点でのデザインが必要なことがおわかりいただけたことかと思います。

　第3章では、実践のテクニックを考えていきます。デザインしたことを効果的に運営・実践していくためにはどのようなことが必要なのでしょうか。ここでは主に、アクティビティやディスカッションを始める「前」について考えていきましょう。

本項の Key word

「インストラクション」
「インストラクションの9つのポイント」
「アクティビティ開始前のファシリテーション」

アクティビティ・ディスカッションを効果的に運営するために

デザインしたことを「実践」する

　第2章では、研修で効果的なファシリテーションを行うための事前準備、つまりファシリテーションのデザインについて考えてきました。ここからは、いよいよ研修当日のファシリテーションテクニックについて解説します。

　一般的には、「研修でのファシリテーション」というと、この講師の当日の働きかけだけをイメージされる方も多いかもしれません。ですが、くり返しお伝えしているとおり、効果的なファシリテーションを行うためには、事前のデザインが重要な役割を占めています。事前にデザインをしっかり行っているからこそ、当日の講師のファシリテーションがスムーズに、かつ効果的に行えるのです。

　とは言え、**講師がどのような言葉でそれを伝えるのか、講師がどのように参加者とかかわるのか**も、研修を行ううえで欠かせない、重要な要素です。

　この章では、研修運営・実践のポイントを考えていくことになります。

　アクティビティやディスカッションは、ファシリテーションの代表的な要素です。そこで、3-1では、主にアクティビティやディスカッションを開始する「前」に、講師が参加者にそれをどう伝えるかといった、インストラクションのポイントやその他の注意点について検討していきます。

　そのうえで、3-2では、2-1で準備したアクティビティや、2-2で準備した問いかけを行う際のファシリテーションのポイント、3-3では、アクティビティやディスカッションの後に、参加者が全体にシェア（発表）した際の講師のかかわり方について考察します。

アクティビティ・ディスカッションを円滑に運営するインストラクション

なぜ、インストラクションが重要なのか？

「参加者主体の研修」では、CSR（41ページ）の３つを軸に研修を行うため、S（参画）やR（リビジット）があり、必然的に多くのアクティビティやディスカッションに取り組んでもらうことになります。アクティビティ・ディスカッションは、しっかりと運営できれば学習効果が高いものですが、その効果を最大限に発揮することができるかどうかは、講師のインストラクション（説明）次第と言えます。つまり、**どれだけすばらしいインストラクショナルデザインを考えて、どれだけ的確なアクティビティをデザインしたとしても、インストラクションがうまくいかなければ、効果的な学習にはつながらない**のです。

　ここでは、アクティビティやディスカッションをスムーズに進行するために、どんな点に注意してインストラクション（説明）をすれば良いかを検討していくことになりますが、その前に、まずは、「インストラクション」がうまくいっていない例を考えてみたいと思います。

インストラクションがうまくいっていない例

　インストラクションがわかりにくいと、何をすれば良いかわからず、参加者が混乱したり、ディスカッションが思う方向に進まなかったり、という事態を引き起こします。
　また、説明がわかりづらいと、アクティビティからのアウトプットが浅いものになってしまったり、ポイントがずれてしまったりする可能性も出てきます。かけた時間に対して学習効果が小さくなってしまっては、アクティビティの意義が果たせなくなってしまうので、こうした事態は避けた

いものです。

　たとえば、参加者から次のような反応が出ているようならば、アクティビティのインストラクションを見直す必要があるでしょう。

◎**アクティビティのインストラクションがわかりづらい場合の主な反応**

・「○○についてもう一度説明をお願いします」「これは何でしたっけ？」などと、説明したはずの内容に関する質問があちこちから出て混乱している
・時間内に３つのことを終えてもらうよう伝えたのに、１つだけのための時間だと勘違いされ、３つを終えられなかったチームが続出している
・期待していたレベルのアウトプットが出ていない、深堀りが不十分で予想していたよりも回答が浅い
・求めていた結果と異なる方向に進んでいるチームがあり、途中で軌道修正をする必要がある

インストラクションの8つのポイント

インストラクションを事前に準備する

何事にも言えることですが、準備が大切です。

研修準備の段階で、各アクティビティをどんなインストラクションにするか、具体的な表現や順序を書き出してみます。そして協力者を得て、その内容をその人に伝えてみて、わかりやすいかどうかのフィードバックをもらいます。

たとえば、次の2つの表現のうち、どちらがわかりやすいですか？

A.「今からみなさんにとても有名な人についての描写を聞いていただきますので、誰のことを話してるか考えながら聞いてください。そして、それが誰のことなのかを推測してください」
B.「これからある有名人の描写をします。それを聞いて、誰のことかを当ててください」

たいていの人はBのほうがわかりやすいと感じるのではないでしょうか。

このように、シンプルな構成で無駄な言葉がないインストラクションを事前に準備することが大切なのです。

では、具体的にどのようなインストラクションが適切なのかについて、以下の8つのポイントをとおして検討していきましょう。

ポイント1　結論を先に伝える

構成については、**結論（最終的なアウトプット）が何かを最初に伝える**とイメージしやすくなります。プレゼンテーションなどでもよく言われるこ

とですが、アクティビティでも同様です。

「今から、ペアをつくって、この用紙に書かれている説明を読んでください。内容について何か質問があればぜひお願いします。質問がないようでしたら、2人で役割を決めて、Aさん役の人は……」

「これからペアで〇〇について練習を行います。進め方については、この用紙に書かれています。ペアで役割を決め、用紙の内容を確認しましょう」

　このように、アクティビティのインストラクションを行う際は、「最終的なアウトプットは何か」を最初に伝え、その後に具体的な内容を説明しましょう。

ポイント2　ゆっくり、はっきり、ていねいに伝える

　話すスピードについても練習しておきます。通常より少しゆっくりとした速度で、ところどころに間をとるように話すと、聞き手は言われたことをしっかりと理解しやすくなります。

　また、インストラクションははっきりと、ていねいに行います。とくに、**「わかっているだろう」という過信は禁物**です。

　講師は、研修内容やアクティビティ・ディスカッションの流れについて熟知しているので、「これくらい説明しなくてもわかるだろう」と無意識のうちに割愛してしまうことがよくあります。ですが、**ほとんどの参加者にとっては、はじめて触れる内容で、はじめて聞く説明**なのです。

　たとえば、ペアワークの際に、2人に異なる情報を配布したとしましょう。「『今配布した情報はお互いに見せ合わないでください』とわざわざ言わなくてもわかるだろう」と思ったら、早速見せ合っているペアがいる

……などという経験がある方もいるのではないでしょうか。

 NG例 「ここまでを振り返って、重要だと思った点３つを、ポストイット３枚にお書きください」

 OK例 「ここまでを振り返って、重要だと感じた点３つを挙げていただきます。お手元に、ポストイット３枚ご用意いただけますか？　その３枚に、重要な点３つを、１枚にひとつずつ、この太いペンを使ってお書きください」

ポイント３　「たとえば……」と求めている方向を示す

　ディスカッションの際などのインストラクションでは、問いかけた後に「たとえば……」と、回答例をひとつ示します。これにより、講師が求めていることがイメージしやすくなるため、回答が大きくずれるリスクが低下します。

「これまで出会った上司で、良かったと思う上司の言動を挙げてください。たとえば、私の昔の上司で、部下が相談をもちかけると、必ず手を止めて、しっかりとアイコンタクトをして聴いてくれる方がいました。こういう聴き方をしてもらえるとうれしいですよね。このような例を挙げてください」

ポイント４　一度に大量の説明をしない

　一度に大量の説明をしないようにします。前半と後半に別れるようなアクティビティであれば、後半のインストラクションは前半を終えてから行います。最初にアクティビティの全体像を把握していたほうが良い場合もありますが、**必ずしも最初に全体像を伝えなくても良い**のです。

　たとえば、以下の動画を活用するアクティビティのインストラクションを例に考えてみましょう。

　16名の参加者がいるとして、８組のペアに分かれてもらいます。４組は動画を見るにあたり、「Ａという情報」に着目してもらいます。残り４組は同じ動画の中の別の「Ｂという情報」に着目して見てもらいます。動画を見終わった時、「情報Ａ」「情報Ｂ」を見たペア、それぞれ集合してもらいます。Ａは４組８名、Ｂも４組８名いますので、それぞれ４名ずつの小チームに分かれてもらいます。そしてその４名の小チームで、動画からの気づきをシェアしてもらいます。その後、４名の中で、１番の人、２番の人、３番の人、４番の人を決めます。次に、１番の人だけで集まると、Ａだった２人とＢだった２人の４人チームができます。今度はABそれぞれの視点から、見た動画についての気づきを話し合ってもらいます。その後、お礼を言って別れ、元の自分の席に戻ってもらいます。

――ここまでの一連の流れを読んで、いかがでしたでしょうか？　読んでいても、すべてを確実に理解するのが難しかったのではないかと思います。

このインストラクションはとても多くのステップがありました。おそらく、これを最初に全部伝えても理解されないどころか、大きな混乱を招くのは容易に想像ができます。そこで、実際のインストラクションは次のように行います。

 インストラクション例

① 「このあと、みなさんにはペアをつくっていただきます（奇数の場合は３人組でも可能であること伝える）。パートナーと、隣同士に座ってください。ペアづくりが終わったら、挙手をお願いします。全員がパートナーを見つけたら次のステップを説明します」（挙手を待つ）

② 「ありがとうございます。では、８ペアありますので、４ペアはＡ担当、もう４ペアはＢ担当、と４ペアずつに分かれていただきます。Ａを担当したいペアはどちらでしょうか？　Ｂを担当するペアはどちらですか？　（４ペアずつになるのを待つ）ありがとうございます」

③ 「ではこれから、短い動画を見ていただきます。Ａ担当のみなさんは、動画に登場する講師に着目してください。講師の教え方、参加者に対する姿勢などについて注目して動画を見てください。Ｂ担当のみなさんは、参加者に着目してください。参加者の理解度、学ぶ姿勢、講師に対する態度などに注目して動画を見てください。では、動画を見ていただきますが、その前に、自分が何に着目すべきか、ご自分の役割をペアのお相手の方と確認していただけますか？」

④「Ａ担当のみなさんは何に着目するのでしたか？　はい、そのとおりです。ありがとうございます。Ｂ担当のみなさんは何に着目して見ますか？　はい、そのとおりです。ありがとうございます」

⑤「では動画をご覧いただきます」

⑥（動画が終わったら）「では、Ａ担当のペアのみなさんは、全員こちらに集合してください。Ｂ担当のペアのみなさんは、後方のスペースに集合していただけますか？」

⑦（集合し終わったら）
　＊４組８名の場合はさらに４名ずつに分かれてもらう
「では、今の動画で、みなさんが着目した点について、どんな点に気づいたかお互いにシェアしましょう。あとで他のチームにもシェアしていただきますので、話した内容を全員の方がメモしておいてください。時間は３分です。では始めてください！」

⑧（３分後）「はい、ありがとうございます。それでは４人の中で、１番の人、２番の人、３番の人、４番の人を決めていただけますか？　はい、ありがとうございます。では、１番の方は後方右手、２番の方は後方左手、３番の方は前方右手、４番の方は前方左手に移動して４人組をつくっていただけますか？」

⑨（新たな４人組に分かれたら）「ありがとうございます。では、先ほどの３分間で話したことを、今の４人組でシェアしてください。講師側に着目した人もいれば、参加者側に着目した人もいますので、お互いの気づきをシェアしましょう。時間は３分です」

⑩（３分後）「はい、ありがとうございます。ではお互いお礼を述べて、元の席にお戻りください」

ポイント5　参加者が講師に注目してからインストラクションを始める

　参加者がこちらに注目するまでは、インストラクションを開始しません。誰かと話したり、何かを書いたりするのを終え、講師に注目したことを確認してから説明を開始します。

ポイント6　ていねいな表現で、笑顔で言い切る

　単語のみなど、短い表現だけで伝えるとこは避けます。たとえば、「開始！」と言うのではなく、「では始めてください」と言ったほうが威圧感なく、ていねいです。

　また、アクティビティの説明をする際は、参加者に何かを命令するような口調にならないように注意を払います。そもそも、講師が目上、参加者が目下ということではありません。単に異なる役割を担っているだけなので、上下関係はありません。
　たとえば、次のフレーズを取り入れると参加者が受け取る印象は大きく変わります。

POINT!

◎参加者にはていねいな言葉で話す
- 「〜していただけますか」
- 「〜をお願いします」
- 「〜していただいて良いでしょうか」
- 「お・ご〜ください」

　同じ言葉を発せられても、笑顔があるかどうかで大きく印象は異なります。押しつけるような上から目線の言葉にならないようにしましょう。

ただ、「言葉はていねいに」が基本とは言え、曖昧な表現では混乱が生じますので、言い切ることも大切です。

◎笑顔で言い切る

 NG例　「ずっと座っていると疲れてくるかと思いますので、もし良かったら全員でホワイトボードのところに集合してディスカッションをお願いします」

 OK例　「話し合いは、ホワイトボードのまわりにチーム全員で集合して、話すと同時に書きながら進めていただけますか？」

　NG例の「もし良かったら」という言葉を聞くと、参加者が「どちらなのだろう」と混乱する可能性が高くなることは容易に想像がつきます。また、NG例の言い方をすると、迷いつつ座ったままという状態になりやすいです。そうなると意図している「短時間で話しながら書く」という状態にならず、時間がかかってしまいます。
　そこで、OK例のように、参加者にやってほしいことを明確にしたうえで、笑顔で言い切りましょう。

ポイント7　参加者の理解を確認する

　アクティビティやディスカッションを始める前に、きちんと理解してもらえたかどうかの確認は大切です。
　でも、「わかりましたか？」と問いかけることは、あまり意味がありません。「わかりません」というリアクションはなかなかしにくいものだからです。

「わかりましたか?」と問いかける代わりに、**「始める前に何か確認した いことがある方はいますか?」** などと表現を工夫したり、次のような方法 を用いたりして、理解を確認します。

POINT!

◎**参加者の理解を確認するには**

●**ロールプレイの場合、挙手してもらい役割を確認する**
「Aの方、手を挙げていただけますか? Aは誰の役でしたか?」「B の方、手を挙げていただけますか? Bは誰の役でしたか?」などと 確認する

●**講師のインストラクションを、参加者の誰かにくり返してもらう**
代表者に全員の前でアクティビティを行ってもらったり、最初の1 つか2つの手順を全員で行ったりすることで進め方を確認する

●**講師がお手本を見せる**
インストラクションを口頭で伝える代わりに、お手本を見せる。そ の後、何をすることを求めているかを参加者の言葉で表現してもらう

ポイント8 軌道修正が必要なチームがあってもすぐに介入しない

参加者がアクティビティを開始したら、様子を見て回ります。軌道修正 が必要なチームがあってもすぐに介入せず、まずは一周します。

全体を見渡して軌道修正が必要なチームがひとつだけであれば、そこに 戻って、解説するなどして介入します。ですが、複数のチームで軌道修正 が必要であれば、個別に介入するのではなく、全体を一度中断し、補足の 説明をして、再開してもらいます。

以上のような点に注意してインストラクションを行えば、スムーズな運 営ができるでしょう。

練習・リハーサルの大切さ

　インストラクションや問いかけの言葉などは、その場の思いつきで言うのではなく、慣れるまではすべて準備をしておくようにします。

　セリフや文言を決め、「どのようにリーダーを決めるのか」「ペアでやるのかチームなのか」「使う道具はなにか」などを、あらかじめ決めておきます。そして、それを頭の中で思い描くだけではなく、リハーサルを行います。

「イメージしていることと、実際にやってみることは違う」というのはよくあることです。

　理想的なリハーサルは、参加者役として誰かに協力してもらうことです。「わかりやすかったか」（わかりづらいことはなかったか）などのフィードバックをもらえると、より効果的です。

　ただ、それが難しい場合には、動画を撮影し、自分自身で振り返りを行うだけでも良いでしょう。

　このリハーサルの手間を惜しむか惜しまないかで、当日のスムーズさが圧倒的に変わります。

　経験が浅い方はもちろんのこと、ベテランの方も、ぜひ試してみてください。

アクティビティ開始前のファシリテーションの ポイント

リーダーは固定しない、ランダムに決める

「では始めていただけますか」とアクティビティをスタートさせる前に、もうひとつ大切なことがあります。それは、リーダーを決めておくことです。

　リーダーは、アクティビティやディスカッションの進行をリードする役割のほか、アクティビティ後、発表を求める際には発表をするなどといった大切な役割を担います。

　また、リーダーを設定することで得られるメリットはほかにも次のような点があります。

◎**リーダーを設定することで得られるメリット**

・個人が挙手して発表するのではなく、チームを代表してリーダーが
発言することになるため、発言内容について個人が特定されない。
そのためチーム内で気がねなく発言できるようになる。また、もし
間違えていたとしても、特定の個人の自尊心が傷つくような状況を
回避できる
・リーダーは研修に貢献しようと思ってくれるのが自然なので、否定
的、挑発的など対応に困るような発言があまり出ない
・リーダーは発表することをミッションと感じてくれるため、問いか
けに対して反応がないという事態にならない

　ただし、リーダーを固定してしまうと、他のメンバーのかかわりや参画
が薄くなってしまいます。よって、**リーダーは固定せず、アクティビティ
ごとに交代し、結果的に全員にリーダー役が回ってくるようにします。**

　リーダーを決める際には参加者に任せるのではなく、以下のような方法
でランダムに選ぶようにします。参加者に任せると、日ごろのパワーバラ
ンスや経験年数などが影響し、リーダーが固定されてしまうことが多いの
で、こちらから方法を示します。
　また、こうした方法でリーダーを決めることで、チーム内でいろいろな
対話が生まれ、ちょっとしたチームビルディングにもなります。

POINT!

◎**リーダーはランダムに決める（決め方の例）**

●起きた時間が一番早い人
●通勤時間が一番短い人
●最近飛行機に乗った人

3-2

アクティビティ・ディスカッション中のファシリテーション

　3-1では、アクティビティ・ディスカッション前のファシリテーションとして、主にインストラクションのコツを検討してきました。続いて見ていくのは、アクティビティ・ディスカッションの最中のファシリテーションです。

　講師は、参加者をゴールに導けるような学習をサポートする人。では、一体どのような働きかけをすれば、効果的な学習をしてもらえるようになるのでしょうか。以下では具体的な働きかけ方を検討していきます。

アクティビティの時間管理

ザイガニック効果——時間は短めに設定する

　ファシリテーションの実践の基準となるのは、**研修の目的を達成できるかどうか**です。つまり、参加者が効果的に学び、実践できるようにするために必要なことを、講師は行っていくようになります。そのために無視できないのは、参加者の脳のしくみや心理です。

　アクティビティを効果的に運営するためには、参加者の脳のしくみに合わせたファシリテーションが欠かせません。

　では、まず時間はどのように考えればいいでしょうか。

　これはデザインとも関連する部分ですが、アクティビティやディスカッションの時間をどの程度とるかは、ファシリテーションの工夫のしがいのあるポイントです。

　参加者主体の研修では、アクティビティやディスカッションの時間は短めに設定します。その理由は大きく2つあります。

①アクティビティに集中して取り組んでもらうため

　短い時間設定にすると、その心づもりで取り組むため、優先順位の高いところに集中し、効率良く進めることができるようになります。たとえば、「これを10分で進めてください」と言われるのと「制限時間は4分です」と言われるのでは、取り組む姿勢が変わるのではないでしょうか。

②記憶に残りやすくするため

　ロシア人の心理学者ブリューマ・ゼイガルニクによると、**完了したアクティビティよりも未完了のもののほうが、記憶に残りやすい**といいます（ザイガニック効果）。

そのため、「もう少し話したい」くらいの時点で終了するような設定にしています。もちろん消化不良になってはいけないのですが、ディスカッション後の全体へのシェアやほかの人・チームからの発表を聞いたりすることで、満たされるようにします。全チームがすべて話しつくした後の発表には新鮮な情報があまりありませんので、モチベーションの維持にも貢献します。

　とは言え、時には時間をかけて徹底的に深めることが必要なこともありますので、メリハリをつけるようにします。

予定どおりに進める５つのポイント

　参加者の学習効果を高めるうえで、研修時間の延長は絶対に避けなければいけないことです。また、伝えるべきコンテンツがすべて伝えられなかったのだとしたら、どれだけ質の高いディスカッションが行われたとしても、目的を達成することは難しいかもしれません。

　事前に予定していた時間どおりにアクティビティを進められるかどうか、という点も、講師にとっては気になるところです。

　ここでも、先ほどの、ブリューマ・ゼイガルニクが述べた「ザイガニック効果」を応用していきます。つまり、すべての人がすべてのタスクを完了するまでたっぷりと時間をとるのではなく、時間を短めに設定したり、分担したりすることによって、「未完了」のものを残した状態にするのです。

　具体的な方法を見ていきましょう。

POINT!

◎アクティビティを予定どおりに進める５つのポイント
- ●ポイント①　分担する
- ●ポイント②　ペースの違いを予測したデザインにする
- ●ポイント③　タイマーを見えるようにする
- ●ポイント④　残り時間を予告する
- ●ポイント⑤　完璧を目指さない

ポイント①　分担する

　まずは、「**分担**」です。取り組む問題・役割を分担し、時間を効率良く使います。たとえば、課題が５つある場合、５チームで１つずつ分担します。

また、下記のような分担も考えられます。

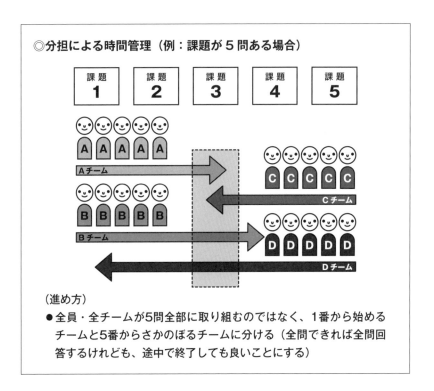

◎分担による時間管理（例：課題が5問ある場合）

（進め方）
●全員・全チームが5問全部に取り組むのではなく、1番から始める
　チームと5番からさかのぼるチームに分ける（全問できれば全問回
　答するけれども、途中で終了しても良いことにする）

　このような工夫をすることで、全チームが全問に取り組むよりも短い時
間で終わらせることができ、かつ、完了していないチームを待つ時間がな
いため、時間を有効的に活用できます。
　全チームが同じ課題に取り組んだ場合は、その後のチームからの発表が
重複しがちですが、分担した場合、自分たちのチームが終了していない課
題についての解説や発表は新鮮な情報になるため、興味やエネルギーを維
持しやすくなります。

ポイント② ペースの違いを予測したデザインにする

　全チーム、全員が同じペースで進むということはあまり現実的ではありません。

　最初からペースが速いチーム・人や、ゆっくりのチーム・人がいることを想定しておきます。そして、**先に終わったチーム・人が取り組める課題を設定**しておきましょう。

　このような工夫をすることで、全チーム・全員がすべての課題を終えないと先に進みづらくなる、早く終わったチーム・人は手持無沙汰になってしまう、遅いチーム・参加者は焦ってしまうといった、ペースの違いによる問題点を解消することができます。

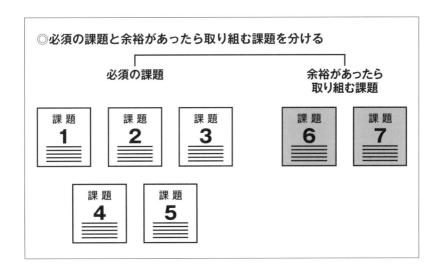

ポイント③ タイマーを見えるようにする

　時間管理のために、キッチンタイマーやパソコンに入っているタイマーを使う講師は多いでしょうが、その**タイマーを参加者も見えるようにしま**しょう。

パソコン上で使用しているタイマーであれば、スクリーンに投影するのです。

　残り時間が見えることで、参加者も時間を意識して進めてくれるので、管理しやすくなります。

スクリーンに残り時間を表示させる

ポイント④　残り時間を予告する

　時間を設定せずにディスカッションやチームでのアクティビティを行う場合もありますが、途中で残り時間を伝えるようにします。

「残り３分で終了しますので、それまでにできるところまで進めてください」

　こう伝えずに、突然、「はい、では終了です！」と終了を告げられ場合、まだ終わってないから完了させたいという声が出やすくなります。

　完了させたいと思うのは自然なことですし、その気持ちを尊重したいと講師も思うことでしょう。しかし、そのために延長することになれば、予定時間を大幅にオーバーすることにつながりかねません。

　一方、途中で残り時間を予告することで、延長してほしいという声が出にくくなります。つまり、講師としては参加者に不満を感じさせることなく、時間管理がしやすくなるのです。

ポイント⑤　完璧を目指さない

　ポイント④同様、「完了したい」という欲求があるのは自然なことです。
　ですが、全員が完了するまでたっぷりと時間をかけることが、必ずしも
研修の効果を最大化するとは限りません。

　ディスカッションやチームでのアクティビティは、基本的には短めに設
定しましょう。10分かかると思ったら8分、5分かかると思ったら3分
半というように、「少し時間が足りないかもしれない」と感じるくらいに
しておきます。そして、次のような言葉を挟むことで、参加者の自尊心を
傷つけることなく、次に進むタイミングを図りましょう。

POINT!

◎次へ移る際に伝える言葉

- 「できているところまでで結構です」
- 「途中でも問題ありません」
- 「経過報告でいいので聞かせてください」
- 「いったん現状をシェアしていただけますか」

アクティビティやディスカッションの最中の ファシリテーション

原則：介入せずに見守る

　ではアクティビティやディスカッションの最中は、講師はどのように振る舞うのが良いのでしょうか。
　基本的な姿勢としては、参加者にあまり介入せず、見守ります。

　「参加者ができることは、講師はしない」というのが、参加者主体の研修の基本的な考え方です。
　また、「学習の法則1　参加者は大きな身体をした赤ちゃんである」という言葉にもあるように、大人も体験から学ぶことは大きいのです。多少つまずいたり、苦戦したりしている様子が見受けられても、最終的に自分たちで解決できるのであれば、講師が介入せずに解決してもらったほうが良い体験になります。
　研修終了後は、その都度助けてくれる講師は職場にまで同行していませんので、自力で問題解決できる力を養っておくことが大切なのです。

　また、講師が近くにいて聞き耳を立てていると、話しにくいと感じる人が少なくありません。中には、自分の発言を評価されているように感じ、「安全な環境」だと感じない人が出てくる可能性もあります。
　時折巡回して様子を確認しますが、基本的には前方の講師席周辺で、資料に目を落としたり、全体シェアなど次のアクティビティの準備をしたりしながら過ごすようにすると良いでしょう。

　しかし、次のような場面では、講師が介入したほうが良いでしょう。
　以下では、ケースごとに介入方法を検討していきます。

> ◎講師が介入したほうが良い場面
>
> ①インストラクションの内容を誤解している様子の時
> ②明らかに間違っている（間違った方向に進もうとしている）時
> ③明らかに他のチームよりも進行が遅い時
> ④全体にシェアすると良さそうなことが聞こえてきた時

介入したほうが良い場面①
インストラクションの内容を誤解している様子の時

　インストラクションが明確ではなかったり、複雑だったりしたために、誤解が生じてしまうこともあります。そのような場合には、インストラクションの内容を再確認します。

　たとえば、「具体的な経験談をシェアする」ことを意図していたのに、「自分たちが考えるあるべき姿」を話し合っているなど、アクティビティの目的から外れてしまっている場合には、声をかけます。

POINT!

◎インストラクションの内容を誤解している様子の時の介入（例）

- 「あの、念のための確認ですが、今話していだだくトピックは、○○○ではなくて、△△△ですが……」
- 「△△△については、もうお話されましたか？」

介入したほうが良い場面②
明らかに間違っている（間違った方向に進もうとしている）時

　アクティビティやディスカッションには、「正解」や「不正解」が存在しないものも多くあります。たとえば、「学んだことを職場でどう実践し

ようと思うか？」という問いに対する答えは人それぞれで良く、「正解」
も「不正解」もありません。

　ですが、何かの問題を解いたり、ケーススタディなど「正解」「模範解
答」「不正解」が存在するようなアクティビティやディスカッションに取
り組んだりする際、明らかに間違っている場合には、途中で声をかけ軌道
修正を促すと良いでしょう。

　たとえば、ケーススタディの場合、単に情報を見落としているために方
向がずれていくことがあります。その場合、そのまま進むと、「情報はし
っかり確認すべきだ」というのがそのケーススタディからの学びになって
しまうと思われますが、それは本質ではありません。

　研修は、学びの場であって、テストではありません。ですので、軌道修
正をしてより有意義な時間が過ごせるのであれば、参加者にとっては、そ
のほうがより良い時間となるのです。

POINT!

◎**明らかに間違っている（間違った方向に進もうとしている）時の介
入（例）**

- 「ちなみに、〇ページにも情報があるのは、気づいていらっしゃい
ますか？」
- 「念のための確認ですが、〇〇は△△という想定になっている、と
いうのはご理解いただいてますか？」

介入したほうが良い場面③
明らかに他のチームより進行が遅い時

「全体で5分のディスカッションに対し、6人のうちの1人が2分くらい
話している」など、他のチームの進み具合と大きく差が開いているような

場合にも、制限時間を確認するなどといった介入が必要です。

　グループのメンバーの中には気づいている人がいても、「人の話をさえぎるのは失礼かもしれない」と遠慮して言い出せない人も少なくありません。そのまま進めていると、まったく話していない項目や人が出てしまうおそれがあります。そんな時は、講師から声をかけると、時間管理がしやすくなります。

POINT!

◎明らかに他のチームより進行が遅い時の介入（例）

「5分というのはお1人ではなくて全体での時間なので、ちょっとペースを上げていただいたほうが良いかもしれません」

介入した方が良い場面④
全体にシェアすると良さそうなことが聞こえてきた時

　良い発見、気づき、意見などが聞こえてきて、それは全体にシェアすると有意義だと思った時には、「その意見、ぜひ後で全体にシェアしてください」などと、あらかじめ声をかけておくと良いでしょう。

　声かけをせずに、全体シェアの場で突然指名することは避けます。

POINT!

◎全体にシェアすると良さそうなことが聞こえてきた時の介入（例）

「今のご意見、とても参考になりますね。もしよろしければ、後で全体にシェアしていただけませんか？」

介入しないほうがいい場面

　一方で、下記のような場面は、一見、介入したほうがいいようにも見えますが、介入しないほうがいいでしょう。

①否定的なコメントが聞こえてきた時
　気にはなりますし、全体にシェアする際、否定的な意見を大きな声で言われたくないと思って、介入したくなる気持ちはよくわかります。ですが、講師が介入して一部のグループ・人と議論することは、避けたほうがいいでしょう。

　チーム内でそうした意見にどう対応するのか、チームとしてどういう結論を出すのかに委ねます。

　それでも最終的にやはり否定的な意見として発表された場合には、そこで全体を巻き込みながら対応します。その対応については第4章をご参照ください。

②こちらが想定したプロセスとは異なるプロセスで進めている時
　順序や役割分担など、講師が想定している進め方と異なる進め方をしているチームがあると、気になるものです。介入して軌道修正したくなる気持ちは、よくわかります。

　ですが、大切なのは結果です。プロセスは参加者に委ねましょう。これも**「選択の自由」**です。

3-3

シーン別・
研修ファシリテーションの実践

3-2では、アクティビティ中のファシリテーションの基本姿勢を検討してきました。続いて3-3では、オープニング、クロージング、エナジャイザー、リビジットなどといった研修シーン別のファシリテーションの実践のポイントを見ていきましょう。そのうえで、2-2で検討した「問いかけ」を効果的に行うためのコツも検討していきます。

それぞれの場面でどのような働きかけをすると良いのか、次の研修から活用できるヒントが見つかるはずです。一つひとつ見ていきましょう。

**本項の
Key word**

「オープニング」
「クロージング」
「リビジット」
「エナジャイザー」
「EAT」
「問いかけ」

効果的なオープニングを運営する（実践編）

オープニングの目的

　オープニングの重要性やそのデザインのポイントについては、2-1で述べたとおりです。準備した内容でオープニングを実施するのですが、ファシリテーションという観点での最大の目的は、下記に集約できます。

POINT!

◎オープニングの目的
- ●この研修で学ぶことが、参加者自身にとってメリットがあると感じてもらう（積極的に学ぶ姿勢になる）
- ●研修の場を、「居心地が良い」「この場に存在していたい」と感じてもらう
- ●「全員が主体的にかかわる研修」であることを、体験をとおして感じてもらう

　では、この目的を達成するために、講師はどのようにかかわっていけばいいかを、順を追って見ていきます。

　なお、これまでに見てきた理論やデザインを踏まえて行う実践的な部分なので、これまでの解説と重なる部分があることをご了承ください。

POINT!

◎効果的なオープニングのデザイン

1. 研修内容と関連性があり、インパクトのあるアクティビティ

参加者の最大の関心事を打ち破り、研修内容に意識を集中させ、インパクトのある内容にする。人は最初と最後をよく記憶するので、研修の内容の大切なメッセージをここに入れる。問いかけやクイズなどで考えてもらったり、参加者が手を動かすアクティビティを入れたりするなどして巻き込む

2. 研修目的やアジェンダの説明

得たい成果、目的と内容がどうリンクしているかを明確にする

さらにこれを、講師が伝えるのではなく、「ワークブックに目をとおして学びたいページに印をつけてもらう」など、参加者に能動的にかかわってもらう方法で行い、より主体性を引き出すのも良い

開始、終了時刻を確認するほか、休憩時間を伝えておくことで参加者の途中の離席を防ぐ効果もある

3. グラウンドルールの確認

「建設的な発言をする」など研修を充実させるための依頼を伝え、参加者の了解を得る。3つは講師が提示し、4つめは各チームで設定してもらうなど自主性を促す方法も有効

4. 参加者同士の自己紹介

ペアや数人のチーム内での自己紹介とする。この際、研修の内容に関連する情報も盛り込んだ自己紹介になるよう導く。また1人あたりの時間の目安を伝えるなどし、参加者間でのばらつきが大きくならないように配慮する

5. 講師の自己紹介

このテーマ・内容で講師を務めるのにふさわしい人物であることがわかるような自己紹介の内容にする。配付する資料やワークブック、壁の掲示物にプロフィールを掲載しておくことも有効

開始前

　研修は、開始時刻になってからスタートするのではなく、開始時刻前から雰囲気づくりは始まっています。

　開始15分前になり、早い参加者が会場に入り始める頃には、講師は研修モードにスイッチを切り替えます。

　具体的には、下記のような働きかけをしましょう。

> **POINT!**
>
> ◎開始前の講師の働きかけ
>
> - 話しかけやすい雰囲気でたたずむ（柔らかい表情、入ってきた人へのアイコンタクト、挨拶）
> - 早く来た参加者に、個別に挨拶する（講師から名乗る）
> - どんな業務を担当しているのかなどを問いかけて参加者に話してもらう

また以下のような点に注意します。

> ◎開始前の注意点
>
> ・参加者の中には、緊張している人や、「開始時間までにメールなど終わらせたい」と焦っている人もいるので、そういう気配の人には無理に話しかけない
> ・こわばった表情の人でも、緊張しているだけかもしれないので、「研修に対して否定的なのではないか」などの先入観をもたない

1．研修内容と関連性があり、インパクトのあるアクティビティ

　オープニングの中でももっとも大切なところです。

　研修全体で行うインストラクションのすべてについて、一言一句まで暗記することはお勧めしませんが、オープニングの冒頭のこの箇所と、クロージングの最後のメッセージについては、セリフを決めて暗記し、何度もリハーサルをしておくことを強くお勧めします。そうしておくことで、自信をもってパワフルな話し方ができるようになるでしょう。さらには、アイコンタクトをしっかりとる余裕も生まれます。

　このパートのポイントをまとめます。

POINT!

◎「1．研修内容と関連性があり、インパクトのあるアクティビティ」
ポイント

●間の取り方、テンポなどに細心の注意を払う

全員がこちらに意識を向けてくれるよう、十分な大きさの声で話す。
同時に、場づくりにおいても大切な時間なので、柔らかい表情や、明
るい声も心がける

●問いかけをしたり、発言を促したりする場合は、まず個人で考える
時間をとる

冒頭で問いかけをしたり、発言を促したりする場合は、まず個人で
考える時間をとり、その後ペアやチームで話すことを促す。その場合、
まだ場が温まっていないので、「誰と話すか」は明確にインストラクシ
ョンをする（例：「どなたかまわりの方と」など不明確な表現は避け
「お隣同士ペアで」とする）。また、必要があれば「自己紹介の時間は
あとで設けている」ことを伝える

＊基本的には「参加者に選択の自由を提供する」という基本方針で
運営していくが、スタートの段階では指定したほうがスムーズに
進む

＊参加者同士が初対面の人が多い場合、この段階ではペアや3人な
ど少人数で話してもらい、研修の進行とともに、徐々に話す人数
を5～6人のチームなどと増やしていく

2．研修目的やアジェンダの説明

得たい成果、目的と内容がどうリンクしているかを参加者に明確に伝え
ます。事前アンケートや事前課題を行っている場合には、協力してくれた
ことに対するお礼を述べ、その内容との関連性も解説します。

無駄な言葉やくり返しを避け、テンポ良く進めることを心がけます。

3. グラウンドルールの確認

グラウンドルールは、次の３つのパターンでの設定が可能です。

①講師から提示する方法
②参加者に設定してもらう方法
③講師、参加者がお互いに希望を伝える方法

それぞれのパターンについて検討していきましょう。

①講師から提示する方法

講師から提示する場合には、**「ルールを設定するのは、研修の成果を高めるためである」** ことを伝えたうえで、講師からの **「お願い」** として伝えます。

②参加者に設定してもらう方法

参加者自身に設定してもらうのであれば、「5.講師の自己紹介」を先に行い、その後にグラウンドルールについて話し合うという順序のほうがスムーズです。リーダーを決め、**「各チームで１つか２つ、自分たち自身の研修を充実させるために、自分たちの約束事を決めてください」** というように促します。

この場合も、「たとえば、積極的に発言しましょう、などです」などの例を示すと、講師が求めている方向性が理解されやすくなります。

③講師、参加者がお互いに希望を伝える方法

お互いが設定する際は、参加者が守るルールを設定するのと同時に、参加者から講師への要望も挙げてもらいます。たとえば「休憩時間は予告どおりにとってください」「突然指名するのはやめてください」などが考えられるでしょう。

こうすることで、「お互いさま」という同等の関係構築がしやすくなり

ます。

　なお、「対応が難しい参加者」が予測できている場合は、あらかじめグラウンドルールで関連する内容を設定しておきます。たとえば、「研修の必要性に納得しないまま参加している人が多い」という事前情報があるのであれば、「前向きな発言をしましょう」などと設定します。

　グラウンドルールを設定したからと言って、すぐにその雰囲気がつくれるわけではありません。次のような働きかけをとおして、グラウンドルールを安心して学べる場づくりのために活かしていきます。

POINT!

◎**グラウンドルールにおける講師の働きかけ**

- ●設定した内容を、講師自身が率先垂範する
- ●守れている人・チームを承認したりほめたりする
- ●矛盾したメッセージを送らないように配慮する。たとえば次のようなケースは避ける
  - (例)「安全な学習環境なので、安心して発言してください」と言いながら、名指しで指名して緊張させたり、後方に多くのオブザーバーの人が並んでいたりする
  - (例)「楽しい雰囲気で」と言いながら講師が緊張している

4. 参加者同士の自己紹介

　1人ずつ全員の前での自己紹介ではなく、ペアや数人のチーム内での自己紹介とする、というのはこれまでも述べてきたとおりです。
　ほかには次のような点に注意して進めます。

> **POINT!**
>
> ◎参加者同士の自己紹介時の講師の働きかけ
>
> - 話す時間に大きく偏りが出ないようにする／話せない人が出ないようにする
>   （例）１人あたりの話す時間の目安を伝えたり、タイマーやチャイムで合図したりする
> - 自己紹介の内容は研修内容と関連性をもたせる
>   （例）話す内容をすべて自由にするのではなく、トピックを提示してその中から選んで話してもらうなどする
> - 参加者同士が自己紹介をしている間は、講師は基本的に介入しない

5. 講師の自己紹介

ここでは次のような点に配慮します。

> **POINT!**
>
> ◎講師の自己紹介のポイント
>
> - このテーマ・内容で講師を務めるのにふさわしい人物であることがわかるような自己紹介の内容にする
> - 参加者との共通点があれば、それも紹介する
> - 配布する資料やワークブック、壁の掲示物にプロフィールを掲載しておくとこも有効

オープニング実践例

インストラクション例

　では開始時刻になりましたので、研修を始めさせていただきます。本日講師を担当します中村と申します。どうぞよろしくお願いいたします。

　今日は、○○というテーマでの研修です。みなさん、早速ですが、ワークブック○ページをご覧になってください。そこに、文章が5つ書かれています。この5つのうち、正しいものはどれで、間違っているものはどれでしょうか？
　今からチームで、どれが○でどれが✕かを考えていただきます。
　後ほど、テーブルの上にある「○」「✕」と書かれた札を使って、チームとしての回答を示していただきます。チーム内の自己紹介の時間は、後できちんととりますので、まずはこの5つについて考えてみましょう。

　では、最初のリーダーを決めます。リーダーには話し合いの進行と、話し合いの後の札を上げる役割をお願いします。
　リーダーは、今朝一番早く起きた人にお願いします。

（リーダーが決まるのを待つ）

　リーダーは決まりましたか？
　では、5つの文が正しいかどうかを話し合ってください。時間は2分半です。ではよろしくお願いします。

（2分半後）

はい、ありがとうございます。

　ではリーダーの方、札をご用意ください。1番は〇か✕どちらでしょうか？

（札を上げてもらって、〇か✕かの回答を確認し、必要に応じて解説をする）

　ありがとうございました。

　今日の研修では、このような内容をみなさんにしっかりと理解して持ち帰っていただくことをご準備しています。具体的には、ワークブック〇ページに、今日の研修の目的とアジェンダがありますので、そちらをご参照ください。

　まず、目的ですが、3点あります。ひとつめは……（以下省略）

　次にアジェンダです。トピックは5つです。

　ひとつめは……（以下省略）

　終了時刻は17時半、お昼休みは12時半ごろ、それ以外に1時間半に1回休憩時間を予定しています。

　ではここで、個人ワークを行っていただきます。

　ワークブックに目をとおして、「このページを学びたい、興味がある」というページを3ページ以上見つけ、印をつけてください。上限は設けません。じっくり読むのではなく、ざっと全体に目をとおすのが目的なので、短いですが1分半でお願いします。

　ではよろしくお願いします。

（1分半後）

　はい、ありがとうございます。

　では、印をつけたページをチーム内でシェアしましょう。1人1ページずつ、選んだページと、その理由のご紹介をお願いします。その

3

ファシリテーションを実践する

際、自己紹介もなさってください。
　自己紹介と印をつけたページのシェアをあわせて、チーム全体で6分設定します。ではお願いします。

　はい、ありがとうございます。
　では今日の研修を充実した時間にするためのグラウンドルールの確認をしておきましょう。
　ひとつめは……（以下省略）

　では、ここであらためて、私の自己紹介をさせていただきます。

（講師の自己紹介へと続く）

効果的なクロージングを運営する（実践編）

クロージングの目的

　続いてクロージングのファシリテーションです。クロージングで達成したいのは次の3点です。

POINT!

◎クロージングの目的
- 学んだ内容を確認する
- 達成感や充実感があり、職場に戻って実践しようという気持ちになる
- 今後の実践に向けて、アクションプランを立てる

POINT!

◎効果的なクロージングのデザイン

１．アンケート記入
一通りのコンテンツが終了したところで、先にアンケートを記入してもらう

２．習得したことの確認をする
その日の内容を振り返り、全体感、優先順位の整理などを行ったり、理解度チェッククイズなどで習得内容の確認を行ったりする
また、その際、達成感、理解・習得できたという自信など、ポジティブな感情を生むようにする

３．アクションプランを立てる
個人でアクションプランを書き出し、ペアやチームでシェアする

４．メッセージ性のあること
３まで行い、講師からの励ましの言葉で終了しても良いが、記憶への定着や実践に向けての意欲を高められるようなインパクトのある内容を最後に加えることも効果的（例：研修内容を実践して大きな成果を出した事例の紹介、行動を促す言葉、成功場面をイメージしてもらう写真の活用など）

1．アンケート記入

「最後にアンケートを記入してもらって、終わった方から退出」という流れで終了する研修をよく見かけます。しかしこの場合、アンケートが「記憶に残る最後」となってしまいますので、アンケートは先に回収します。

　そのため、趣旨とアンケートの回収時間を伝えておき、空き時間を活用して記入してもらうという方法が効率的です。予告したアンケート回収時刻が近づいたら、記入を促し、記入してもらうための時間を設けます。

　その際、講師は次の点に注意します。

POINT!

◎アンケート記入中の講師の働きかけ

- ●講師は参加者に話かけない
- ●巡回すると視線が気になって書きにくい可能性があるので、距離を置いた位置にいるようにする

2. 習得したことの確認をする

　その日の内容を振り返り、全体感、優先順位の整理などを行います。2-4でも検討しましたが、ここで気をつけたいのが、問いかけがオープンになりすぎないようにすることです。

◎習得したことを確認する際の問いかけ

・「今日の学びを振り返り、気づきを自由に書き出しましょう」
・「今日1日を振り返って、チーム内で感想などをシェアしましょう」

・「今日の学びから、大事だと思ったことトップ5を書き出しましょう」
・「今日学んだ7つのステップを振り返り、それぞれのステップでとくに重要だと思ったことを1つずつ書き出しましょう」

　また、必要に応じて「理解度チェッククイズ」などを行って、習得内容を確認します。その際は、個人で考える時間をとったあとにペアやチームで確認するというデザインにします。また、答え合わせをする場合は、指名せずに、参加者全員が自分でテキストなどを確認しながら行うようにします。**クロージングでは、達成感や「習得できたことがうれしい」「早く実践したい」など、ポジティブな感情をもってもらうことが重要**です。

　研修はテストの場ではなく、学びの場。指名されて発表したことが間違っていたりして、嫌な思いをすることは避けます。

　答えを教えてもらうという受け身の姿勢ではなく、自身で問題解決できるようにするのが、講師の役割だということをあらためて認識しましょう。

ここでの講師は、次のような働きかけをします。

◎習得したことの確認をする際の講師の働きかけ
- 個人ワークの時間、講師は沈黙しておく
  *ここで何かを説明したりすると、「個人で考える」時間の邪魔になる
- テキストなどで確認してもらった後、「もし何か不明な点があれば解説します。何か解説が必要な点はありますか？」などと確認する

3. アクションプランを立てる

ここまでに書き溜めているアクションプランを総合し、今後何を実践するかを整理したり、優先順位をつけたりする時間です。

基本的には何をどう実践するかは、参加者の「選択の自由」です。よって、ここで立てたアクションプランを発表する必要はありません。

ただ、自分の言葉でアウトプットすることで整理できたり、記憶への定着のサポートになったりしますので、個人で考える時間を設けた後に、ペアやチームでシェアしてもらうのも効果的です。

その際、いつも同じ人とシェアしていると、お互いに単調になる可能性があります。相手を時々変えていろいろな人とシェアしてもらうことで、発想を広げてもらいます。

シェアする相手は次のようなバリエーションがあります。
それぞれのメリット、デメリットを考慮して、どのような方法をとるかを決めると良いでしょう。

◎シェアの範囲

	メリット	デメリット
ペア	●じっくり話せる ●短い時間でできる	●祝いの要素が生まれにくい
チーム	●1日を過ごした仲間と達成感など祝いの要素が生まれやすい	●1人ひとりの話す時間が短くなる （長く時間をとると時間がかかる）
全員	●最後に参加者全員でシェアすることで一体感が生まれたり、お互いの発言がコミットメントにつながる	●時間がかかる ●緊張感が高まる

　実践する内容は、具体的であればあるほど、実現の可能性は高まります。抽象的でぼんやりしたアクションプランにしないために、具体的な問いかけを用意しておくのも良いでしょう。

　下記のような内容を記入してもらうワークシートを用意するのもお勧めです。

> ## ◎アクションプランの設定　ワークシート項目例
> ・「どのような場面で」
> ・「誰に」「誰と」
> ・「いつ」
> ・「どこで」
> ・「どんなアクションをとるか」
> ・「目指す成果・結果」

　ここでの講師は、次のような働きかけをします。

POINT!

◎アクションプランを立てる際の講師の働きかけ
- 見守る役割に徹する
- 評価したり、指示したりする発言は避ける

クロージングの実践例

インストラクション例

　ではここで、今日1日の収穫ベスト7を書き出しましょう。○ページを開いていただけますか？　7つ記入できるスペースがあります。そちらに、みなさんにとっての今日1日の学び、習得できたこと、実践してみたいと思っていることなどの中から、重要なもの7つを書き出してください。

　後ほどチーム内でシェアしていただきます。

　では、まず個人ワークでお願いします。

　ありがとうございます。ご記入が終わった方はご起立ください。

（全員が立つのを待つ）

　チーム内で順番にシェアしましょう。

　シェアは、1人1つずつお願いします。1人1つずつ読み上げて一周なさってください。

　一周終わってまだ時間があったら、2つめのシェアをまた一周なさってください。それでも時間があったら、3つめ、4つめと進んでください。

> 時間は全体で5分おとりします。ではお願いします。
>
> （5分経過）
>
> ありがとうございます。ご着席ください。
> 今日の学びを活かして、みなさんが職場で成果をあげられることを私も楽しみにしています。最後に、こんなエピソードをお話したいと思います。以前、この研修に参加された方の後日談です。〇〇さんは……（過去の参加者の実践・成功例）。
> みなさんからもそんな報告が来るのを楽しみに待っています。
> 今日はご参加いただき、ありがとうございました。

効果的なリビジットを運営する（実践編）

リビジットの目的

リビジットを行う目的は次の2つでした。

POINT!

◎リビジットの目的
- ●重要なポイントをくり返す
- ●重要なポイントを整理する

これらの目的を果たすために、2-1を参考に、さまざまなアクティビティをデザインしていきましょう。

リビジットのファシリテーション

　リビジットでのファシリテーションの最大のポイントは、**「成功体験にする」**ことです。リビジットはテストをすることが目的ではありません。学びを確実にすることが目的なのです。そのため、個人を指名して答えてもらうのではなく、**全員を巻き込む方法**で行います。

　次のステップでアクティビティを実践していきます。

◎リビジットのファシリテーションの手順

1. クイズなどのアクティビティを全員に投げかける
2. 個人で考える時間を設ける
3. その後にペアやチームでシェアする時間を設ける
4. 答えの確認が必要なことであれば、リーダーを決めておいて発表してもらう、ワークブックやテキストで確認してもらう、もしくは、講師が答えを伝えて各々で確認してもらう

POINT!

◎リビジットの際の講師の働きかけ

- 成功体験にする
- 全員を巻き込んで行う

効果的なエナジャイザーを運営する（実践編）

エナジャイザーのファシリテーション

エナジャイザーの目的は、下記の3点でした。

POINT!

◎**エナジャイザーの目的**
- 脳を活性化させる
- 研修に集中できる状態をつくる
- 体を動かしてリフレッシュする

この目的を達成するため、講師は、元気良く全員を巻き込みながら進めます。

エナジャイザーの目的が「活性化すること」なので、講師から発するエネルギーがポジティブなものになるように、話し方や表情を工夫します。

また、エナジャイザーは研修とは関係のない内容でもかまいません。そのため、冷めた様子で参加しない人が出てしまわないように、「ではみなさん、いったんご起立ください！」などと、何を始めるのか予告せずにインストラクションを開始します。

もし、意義を疑問視するような人がいたら、エナジャイザーの目的を伝え、意図を理解してもらうと良いでしょう。また、可能であれば、エナジャイザーの内容を研修に関連づける工夫をしたり、ディスカッションの際に立って話すことでリフレッシュしてもらったりします（著者（中村）の経験では、ここまで伝えて参加しなかった方に出会ったことはありません）。

EATの「E」──「経験」のアクティビティを運営する（実践編）

「経験」のアクティビティを運営する

　疑似体験や課題解決、ロールプレイやケーススタディなどを、理論の解説の前に体験してもらうというアクティビティを運営するうえでは、どんな点に気をつけると良いでしょうか。

　ここでは4つのポイントに分けて検討してきます。

ポイント①　目的を伝える

　楽しそうなアクティビティに興味を抱く参加者がいる一方で、目的が見えないとモチベーションが上がらないといった参加者も一定数は存在します。

　そこで、次のような端的な表現で目的を伝えます。

> ◎**アクティビティの目的を伝える（例）**
> ・「チームでひとつの目標を達成するというプロセスを体験していただ
> きます」
> ・「この体験をとおして、不確定要素が多い時、自分がどう反応するの
> かを自己認識していただきます」
> ・「現実によくありそうケースについて、その対応方法を検討していた
> だきます」
> ・「上司と部下の対話で、うまくできること、難しいことを明確にする
> ために、まずは役割を決めて対話をしてみていただきます」

ポイント②　詳細は伝えない

　ポイント①で述べたように、目的を伝えることは重要ですが、ここでの
目的は、「まず経験すること」にあります。よって、途中のプロセスで起
きそうなことは、あまり細かく伝えないようにします。ストーリーを全部
知っている映画を見てもあまりおもしろくないのと同様です。たとえば、
「このあたりでこういう失敗をする人が多い」「この場面でこんな気持ちに
なる人が多い」などは、伝えないようにします。

ポイント③　意図を伝える必要があれば最小限伝える

　アクティビティで行うことに対して、参加者が反感をもつような懸念が
ある場合、なぜそれを行うのか、その意義を伝えることも有効です。その
場合も、ポイント②同様に、詳しく伝えすぎないようにします。不安や反
感を取り除くための最小限の情報に留めるほうが、経験が生きてきます。

　たとえば、チームで情報が不足している中、何かを達成しなければいけ
ないようなアクティビティを行っている際に、「こんな状況は現実にはあ
りえない」旨のコメントが出たような場面を考えます。

その際は、次のようなコメントを返します。

「たしかに日常の業務でまったく同じ状況は考えにくいかもしれません。ですが、たとえば〇〇をXXに置き換えて考えたら、ありそうな状況だと見ることはできませんか?」

　その際、「〇〇をXXに置き換えたら、△△になって□□になって、そしたら◇◇ということがよく起きます。その場合、～な対応や～な対応が考えられます……」などと詳しくコメントしすぎると、せっかくの体験アクティビティの意義が半減します。意図を伝える時は、必要最低限に留めるようにすると良いでしょう。

ポイント④　選択肢を提供する

　なお、ポイント③のような状況をつくらないような工夫も考えられます。
　そのひとつが、ケースや課題を複数提示し、参加者に選択してもらうことです。
　たとえば、次のような形で行います。

◎選択肢を提供する
　・課題を３つ提示し、どの課題に取り組みたいかを各チームが選ぶ
　・ロールプレイなどでどの役割を担当したいかは自分で選ぶ

　このような選択肢を提供する方法には、他にも次のようなメリットがあります。

◎**選択肢を提供するメリット**

・与えられた選択肢からの選択ではあるものの、「自分で選んだ」という心理になるので、強制されている感覚が軽減する。また、「現実とかけ離れている」というような不満も減る

・課題に取り組んだ後の振り返りと全体へのシェアで、自分が取り組まなかった課題についても他のチームから学ぶことが大きくなる（全チームが３つの課題に取り組んだ場合と比べると、効率よく３つの課題について学ぶことが可能になる）

・「他のチームから学ぶ」という状況になり、講師からだけの学びではなく、参加者同士の教え合い・学び合いをつくり出すことができる

効果的な「問いかけ」を実践する

問いかけの基本の手順

　ここまでは、2-1で検討してきたアクティビティを実践するためのファシリテーションのポイントを見てきました。ここからは、2-2で検討してきた４つの問いかけを効果的に実践するための働きかけを考えていきましょう。

　2-2で検討したとおり、問いかけの質は学びの質を大きく左右します。ですので、しっかり精査した問いかけを用意し、その文言を用意したとおりに伝えることがポイントです。

　基本的に研修で話す言葉を一言一句まで決めて覚えることは推奨しませんが、ポイントとなる重要な問いかけについては、一言一句まで精査し、そのまま、そのとおりに伝えるようにします。別の言葉で何度も言い換えたりせず、無駄のないシンプルな表現で問いかけます。

問いかけ①　気づきを深める

　経験からの学びを深めるために、101ページでご紹介した経験学習のフレームワークにのっとって問いかけをします。こうした問いかけは、ちょっとした表現の違いが大きな差につながる可能性があるので、一言一句まで精査して決めておきます。

　ここでの問いかけは、次の４つのステップで実践します。

> **POINT!**
>
> ◎気づきを深めるための問いかけ／４つのステップ
>
> | ステップ１：何が起きたか、具体的な言動を思い出して確認する |
> | --- |
>
> ⬇
>
> | ステップ２：１のそれぞれの言動について、目的に対してプラスとなったこと、マイナスとなったことを判断する |
> | --- |
>
> ⬇
>
> | ステップ３：テーマとなっていることに対して、一般的に何が良くて、何が良くないかを検討する |
> | --- |
>
> ⬇
>
> | ステップ４：今後に何をどう活かすかを考える |
> | --- |

　これら４つのステップの問いは、口頭で伝えるだけで記憶してもらうには難しい量と言えます。そのため、下記のような運営します。

◎ 「気づきを深める問いかけ」を実践する

・視覚を活用して伝える
　（例）スライドに投影する、フリップチャートに大きい文字で書いておくなど
・配布資料として用意する
　（例）全員に１枚ずつ配るのではなく、大きめの文字にしておき、チームに１枚配布する（チーム全員で同じ紙を見ながらディスカッションするため、対話する空気をつくりやすくなる）

　これらの４つのステップについてディスカッションした後、各チームから全体に向けてのシェアを行います。その際は、次の点に注意します。

◎「気づきを深める問いかけ」をシェアする

・1〜4すべてを全体でシェアすると冗長になり時間もかかるので、発表は3、4の項目のみにする。1と2の中で特筆すべき点、3と4に大きな影響があった点などがあれば、下記のように問いかけ、それも伝えてもらうよう促す
（問いかけ例）
「その結論に至ったのは、なぜですか？」
「そう考えた主な理由となったことを教えていただけます？」

・4について、表現が抽象的な場合は、具体的なアクションに結びつけるために、以下のように問いかけて深める
（問いかけ例）
「具体的にはどんな行動をイメージしていますか？」
「現実にありそうな場面で考えると、どんな場面でどんなアクションをとりますか？」

問いかけ②　知識・経験を引き出す

チーム内で経験談をシェアする際には、できるだけ具体的に思い出して、その具体的な内容をシェアしてもらいます。

「部下のことをよく観察できる上司は良いと思います」

「以前、私が〇〇な日があって……その時、上司がさりげなく……」

OK例のような経験談が具体的であればあるほど、感情移入が起こりやすくなります。経験談を聞いて感情移入が起きたほうが、その後の理論や解説が納得しやすくなったり、感情を伴うことで記憶に残りやすくなったりするでしょう。

その他、次のような点に注意して働きかけを行います。

◎ 「経験」を引き出す際の講師の働きかけ

・全体への発表の際は、個別の経験談を発表すると冗長になるため、そこから得られた学びやキーワードのみを発表してもらうようにする

・発表されたキーワードは、事実に基づいたものであるため、否定や修正をせず、すべて受け止め、ホワイトボードやフリップチャートに記録しておく

・解説の際、発表されたキーワードについて言及する。講師が言及することで、参加者の発言を肯定したり、経験を理論に関連づけて整理したりできるといったメリットがある
（関連づけ方の例）
「先ほどAチームから出た〇〇という例がありましたが……」
「これは、先ほどのBチームからの発表でもありましたね」

ここまでは「経験」を引き出す問いかけについて検討してきましたが、以下では「知識」を引き出すケースを中心に考えます。

知識を引き出す場合、クイズを使うのがシンプルで便利ですが、その際のファシリテーションは次のステップで行います。

POINT!

◎ 「知識」を引き出すファシリテーションの手順

1. クイズを提示する

2. 個人で考える時間を設ける

3. ペアやチームで確認する

4. 講師が解答を示し、解説する 　もしくはワークブックなどで自分で確認してもらう

参加者の学習タイプはさまざまで（53ページ参照）、参画タイプの方もいれば、考察タイプの方もいます。個人で考える時間がないのは、考察タイプにはストレスになりやすいので、まず個人で考える時間をとります。

また、知識の習得が大切な目的である場合などは、ほかの人に頼らず、自分でどこまで回答できるのかという自己認識を促す意味でも、最初は個人で取り組む時間をとることが大切です。

とは言え、研修は学びの場であって、試験の場ではありません。よって、その後のファシリテーションでは以下の点に留意します。

POINT!

◎「知識」を引き出す際の講師の働きかけ

● テストではないので、「クイズ」などと表現する
● 個人で考えた後、個人を指名して答えてもらう方法は避ける（その代わりに全員を巻き込むプロセスとして218ページのとおりにする）
● ペアやチームで確認した後に、発表してもらう、という方法は可能。ただし、その際も、講師が指名するのではなく、挙手を促すと、自信のある個所で発言するので、正解率が上がる
● 講師が解答を示して解説するのが、もっとも自尊心を傷つけるリスクが低い
● 答え合わせをした後、点数を聞かない（テストではないので、誰が何点だったかを確認する必要はない）

問いかけ③　参画を促す

「90/20/8」の法則にそって、8分に1回の参画を促す際のファシリテーションについてです。

ここでは、次の点に注意します。

> **POINT!**
>
> ◎参画を促す際の講師の働きかけ
>
> ● すべてに対してディスカッションしてもらわなくて良い（問いかけて、個人で考える時間を設けるだけでも良い）
> ● 講師がこれから話す内容について考えてもらう場合、全体にシェアしてもらうと、講師が話そうとしている内容とずれるリスクがある。そのため、個人で考えるだけ、もしくは個人で考えた後にペアで話すくらいに留めるほうが安全
> ● ここまでを振り返る目的で問いかける場合は、問いかけ②と同様に、まずは個人で考え、その後にペアやチームで確認するようにする。この場合、すでに一度説明したことの確認なので、講師の解説は基本的には必要ない（間違えたり、思い出せなかったりした箇所については、ワークブックを参照するなど、自力で解決してもらう。それでもすっきりしない点があるようであれば、講師から補足する）

問いかけ④　リビジット

　目的に合わせて用意した質問を問いかけ、リビジットをする際のファシリテーションの留意点です。

　プロセスとしては、下記が基本のステップになります。

> **POINT!**
>
> ◎リビジットのファシリテーションの手順
>
> 1. クイズを提示する
> 2. 個人で考える時間を設ける
> 3. ペアやチームで確認する

ここでは、112ページで紹介したタキソノミーのレベルに応じて質問を用意してあることが前提ですが、レベル１（記憶）の問いかけに対しては、講師の解説は基本的には行わず、必要に応じてワークブックなどを参照して確認するように促します。

　レベル２（理解）〜レベル６（創造）の問いかけに対しては、ペアやチームで話した後、全体にシェアするなど、問いかけ②③と同様の手順でファシリテーションを行うと良いでしょう。

3-4

アクティビティ・ディスカッション後の
ファシリテーション

　ここまで、アクティビティ開始前のファシリテーション、アクティビティ中のファシリテーションについて検討してきましたが、第3章の最後では、「アクティビティ後」について考えていきます。アクティビティやディスカッションが終わった後、講師がどのような働きかけをするかで、学習効果にも影響が出てきます。

　さらには、研修でよくある「参加者からの質問の受け方」についても考えていきましょう。

本項の
Key word

「発言を引き出す」
「発表後の講師の対応」
「質問対応」

アクティビティ・ディスカッションの後の ファシリテーション

ディスカッションの後の発言を促す

　ディスカッションの後、各チームでどんなことを話したかを全体にシェアしてもらうのが一般的なデザインです。その際、どのように進めるとスムーズでしょうか。

自主性を引き出す

　ディスカッション前に決めたリーダーから発表してもらいます。発表するチームの順序も講師は指定や指名をせず、主体性を引き出します。

「最初に発表してくださるのはどのチームでしょうか？」

　最初はなかなか手が挙がらないかもしれませんが、研修中これを続けていると参加者も慣れてきます。「早く発表が終わったほうが、気が楽だ」と思う人も少なくないので、手が挙がるようになります。

最初のチームが発表した後は、いくつかの選択肢が考えられます。

《発表のしかた》

	メリット	デメリット
最初の人から時計回りに発表してもらう	効率が良い	続けると単調になりがち
「次はどのチームが発表してくださいますか」などと続ける	主体性を引き出せる	時間がかかる
発表したチームが次のチームを指名する	ゲーム感覚で楽しんでもらえることが多い	使い続けると飽きる

　どれも一長一短がありますので、ひとつの方法を使い続けるのではなく、場面によって使い分けると良いでしょう。

全員の発表を求めない

　また、発表は毎回全チームが行わなければいけないわけではありません。
　参加人数・チーム数が少ない場合であれば、全チームから発表してもらってもあまり時間もかからず、また各チームから独自性のある発表が聞けるかと思います。ですが、たとえばチーム数が6チームもしくはそれ以上あるような場合は、時間がかかるうえ、後半のチームの発表は前半のチームの内容と重なってしまい、新鮮味がなくなるというデメリットも出てきます。

　そのような場合には、次の方法がお勧めです。

○**チームの発表の際のファシリテーションのポイント**

・全チームからは発表しない。たとえば、6チーム中3チームだけ発表してもらう。そして、「他の3チームから、何かこれは追加したい、ということがあればお聞かせください」などと促す
・チームからの発表の時間、もしくは話す内容の項目数を制限する（例：「各チーム30秒で」「いろいろ出た意見の中から1つずつ」など）。これによって、テンポ良く、また他のチームと重複することなく全体でのシェアができる

発表後の講師の対応──4つのポイント

　まずは基本姿勢として、ファシリテーターの役割を担う講師は、「導く」役割です。

　参加者に主体的に学んでもらうために、気づきを促したり、結論を出すことをサポートしたりはしますが、指示したり評価したりはしません。

　具体的に4つのポイントに分けて考えていきましょう。

ポイント①　評価しない

　発言を受けて、「良い意見ですね」など評価するようなコメントは避けます。「良い意見」より「すばらしい意見」のほうが上なのか、「良い」と言われなかったら「ダメ」なのかなど、参加者が評価を気にするようになると、自由に発言できる安全な環境にマイナスの影響を与えます。

　すべての発言に対して、「ありがとうございます」と発言してくれたことへの感謝を伝えます。

・「良い意見ですね」
・「すばらしい意見ですね」

・「ありがとうございます」

ポイント②　受け止める

　参加者の発言はすべて受け止めます。想定外の発言が出てきた時、その発言が聞こえなかったかのようにスルーする場面を見ることがありますが、想定外だったとしても、必ず受け止めます。

　そこに至った経緯や、どういう想定で考えたかなどを聞き、ずれが生じていたとしたらそれがどこで生じたかを確認します。

・「なるほど。どういう意見の交換の流れでその結論になりましたか？」
・「AとBで、Bを選んだ理由を教えていただけますか？」

ポイント③　考えを促し、導く

　発言を受け止めた後に、軌道修正の必要があれば、問いかけをし、考えを促して導きます。

　この場面では、コーチングを行っているような状況です。つまり、**講師は問いかけて参加者に考えてもらいますが、答えを示したり、指示したりはしません。**

・「前提条件を○○に変えたら、何か変わりますか？」
・「○○の立場から見ると、どう見えていたでしょうね」

ポイント④　まとめない

　各チームからの発表内容を、講師が別の言葉で要約することは必須ではありません。各チームのリーダーからの発表を他の参加者が理解できているようであれば、講師の要約で、表現は異なったとしても、同じ内容を2回聞かせる必要はないからです。

　もし正しくなかったり、抜けやモレがあって補足しなければいけないような内容であったりした場合は、補足します。

　発表が全部終わった後も同様です。大事なポイントを講師がくり返すのではなく、参加者に主体的にかかわってもらう方法に置き換えます。「発表を聞いて重要だと思ったことを書き留める」「書き留めたことをペアでシェアする」など、参加者が何かを行う方法を用います。

「○○さんの発表は……ということですね」

「発表を聞いて重要だと思ったことを書き留めてください。書き留めたことをペアでシェアしてください」

　「まとめない」ことを、不安に思う講師も多いようです。

　しかし、**「参加者ができることは講師はやらない」**という参加者主体の研修手法の考えにのっとり、まとめない勇気をもちましょう。

大人数の研修でのファシリテーション

　新入社員研修など、やむを得ない理由で、1クラスが100名を超える
など大人数の研修でのファシリテーションは、どのように行えばいいで
しょうか。

　基本的には、本書でご紹介している理論やテクニックは、100名やそ
れ以上でも同様に活用していただけます。実際に、著者（ボブ）は、
ATDなど大規模なカンファレンスでは、1000名の参加者がいても、実
践しています。

　5〜6名のチームの中で起きることは、チーム数が3つでも、20でも、
100でも、基本的には同じだからです。

　ただし、大きく異なる点が2つあります。

①全体のシェア

　チーム数が20もあると、ここまでご紹介してきたような全チームか
らのシェアは不可能ですし、あまり意味もありません。

　何チームかに絞ってシェアしてもらうようにします。

②目的の設定

　たとえば100名規模になってくると、講師の目は全員には届きませ
ん。よってスキルの習得（例：練習してフィードバックするなど）を研修
の目的にするのは、困難になります。スキル習得を目的とする場合は、
少人数に分けることを検討しましょう。

参加者からの質問に対応する

対応が難しい場面を招きかねないNGワード

参加者への問いかけとして、よく耳にする以下の問いですが、参加者主体の研修手法では、この問いをNGワードとしています。

NG例
・「何か質問はありますか？」
・「ここまでのところ、よろしいですか？」

主な理由は次の2つです。

・こう問いかけてもリアクションがない場合が多い

「何か質問はありますか？」と問いかけても、誰も何も質問しない、という反応を得るだけのことが多いものです。質問がオープンすぎて何を質問すればいいのかがわからなかったり、全員の前で質問するハードルが高かったりするためです。

同様に、「ここまでのところ、よろしいですか？」などの問いかけも、リアクションがない、あるいは、そもそも参加者からのリアクションを期待しておらず、講師が安心したいがためだけに発せられているケースも多いようです。

・この質問をきっかけに、「全面否定」「そもそも論」などが始まるリスクが高い

「何か質問はありますか？」の問いに対し、「あの……ずっと気になって

いたんですが」「そもそも……」などという言葉で始まる、とても対応に困る質問やコメントを受けた経験がある方も多いのではないでしょうか。「何か質問はありますか？」という問いは、「何でも聞いていただいていいですよ」という問いかけですので、第4章で考察する「対応が難しい参加者」を生むきっかけを提供してしまっているのです。

参加者からの質問を引き出すテクニック

　研修中、講師の説明が足りなかった部分や、疑問点がある参加者がいる可能性はあるかもしれません。そのため、研修中、質問に答えることは重要なのですが、先に述べたような事態は避けたいものです。

　そこで、次のような方法をとると良いでしょう。

方法①　言い換える

「次に進む前に、確認しておきたいことはありませんか？」「説明が不足している点はありませんか？」など、別の表現に変えて、**何を質問してほしいのかを明確**にします。

・「次に進む前に、確認しておきたいことはありませんか？」
・「説明が不足している点はありませんか？」

方法② 質問ボードを設置する

　挙手して質問するのはハードルが高いと感じる人が多いので、付せんなどに質問を書いて貼ることができるスペースを設けておきます（写真はその例です）。休憩時間などを活用し、質問をそこのスペースに貼ってもらうのです。無記名で貼ることができるので、質問へのハードルが下がります。

　この質問ボードは、講師側にもメリットのあるツールです。

> ◎質問ボードを設置するメリット
> ・質問に対する答えを考える時間がもてる。必要に応じて、調べたり確認してから答えることもできる
> ・どのタイミングで質問に答えるかを自分でコントロールできるため、話の流れに一番合うタイミングで答えることができる

　質問ボードを設置しても、質問が貼られないことがまれにあります。この場合、「貼ってもらえない」と悩む必要は必ずしもありません。「研修がわかりやすい」「貼らなくても自由に質問できている」ということなのだと、受け止めることもできるためです。

方法③ 「チームで講師への質問を考えるアクティビティ」を行う

　質疑応答の時間を設けるのであれば、その時間の前に、**「講師に質問したいことをチームで考えるアクティビティ」の時間**を設けます。リーダーを決めて、２分程度で質疑応答の時間に質問したいことを話し合ってもらうのです。その後、チームで考えた質問を出してもらい、講師が答える、という流れで質疑応答を行います。

この方法のメリットは次のような点です。

◎「チームで講師への質問を考えるアクティビティ」を行うメリット

・必ず質問が出る
　リーダーを決めて、質問を考える時間を設けるため、必ず質問が出
てくる

・質の良い質疑応答になる
　基礎的すぎる質問は、質問を考える時間内にチーム内で解決される。
また、反発的、挑戦的、否定的なことを質問として出す参加者がいて
も、ほとんどの場合は、チーム内でそういうのは自粛しようという空
気になり、最終的にそのチームが出す質問には選ばれないことが多い

参加者からの質問に対応する

参加者から質問を受けた時には次のようなステップで対応します。

POINT!

◎質問対応の４つのステップ

ステップ1　お礼を言う

↓

ステップ2　質問内容や意図を確認する

↓

ステップ3　回答する

↓

ステップ4　答えが十分であったかを確認する

ステップ1 お礼を言う

　すべての質問に対して「ご質問ありがとうございます」と受け止めます。「良い質問ですね」という言葉は使わないようにします。なぜなら、「良い」と評価してしまっているという点と、「良くない」質問が出てきた時に、どう受け止めるのかが難しいためです。「良い」と言われなかった質問をした参加者は、その後質問をするモチベーションが下がることも考えられます。

「良い質問ですね」

「ご質問ありがとうございます」

ステップ2 質問内容や意図を確認する

「ご質問は、○○○ということですよね？」と、参加者の質問内容を別の言葉に置き換えたり、要約したりして、確認をします。この時点では、質問してくれた参加者とアイコンタクトをします。

「ご質問は、○○○ということですよね？」

ステップ3　答える

　質問に答えます。この時点では、質問してくれた参加者だけではなく、全体に対してアイコンタクトをし、他の参加者が「部外者」にならないようにします。

ステップ4　3の答えで解決したかを確認する

　答えた後、「今の回答で解決しましたか？」などと、質問をしてくれた参加者にアイコンタクトをしながら確認します。
「はい」と答えてくれたら「ご質問ありがとうございました」と終了します。まだ不明点が残っているようであれば、補足し、再確認します。

OK例　「今回の回答で解決しましたか？」

もしその場で回答ができない時は、後日回答することを約束する

　もし、調べてからでないと明確な回答ができない、今データを持ち合わせていなくて時間が必要、などという質問がきた場合、あやふやに答えるのではなく、「調べてから後日、回答させてください」と明確に伝えます。いつ、どういう方法で連絡するかも伝え、その約束は必ず守ります。
　この対応のほうが、あやふやに答えて間違えていたりするより、よほど誠実です。

「調べてから後日、回答させてください」

第 **4** 章

ファ シ リ テ ー シ ョ ン の 応 用
〜 難 し い 場 面 ・
難 し い 参 加 者 へ の 対 応 〜

4-1

難しい状況・場面への対応

第3章までで、ファシリテーションの理論、デザイン、実践について検討してきました。いつでもデザインしたとおりに進めば良いですが、なかなかそうはいかないのが現実です。

すでにご経験のある方もいるかもしれませんが、研修を行っていると、「対応が難しい場面」というのは程度の差はあれ発生するものです。そうした場面への働きかけも、ファシリテーターとしての講師の重要な役割となります。

ここでは研修ファシリテーションの応用編として、「難しい状況・場面への対応」を検討していきましょう。

本項の Key word

「ファシリテーションの応用」
「対応が難しい場面への対応」
「対応が難しい場面を防ぐ」

ファシリテーションの応用

あらゆる場面をシミュレーションする

　以前参加した脳科学関連のカンファレンスで聞いた次のエピソードが印象に残っています。

　ある水泳選手が、試合中、飛び込んだ直後にゴーグルが外れてしまうというアクシデントが起きたそうです。ふつうに考えるとそのようなアクシデントが起きたら、そこからリカバリーするのは難しそうなのですが、驚いたことにその選手は、その試合で優勝したそうです。
　なぜそのようなアクシデントの中、優勝できたのでしょうか？
　実はその選手は、あらゆるアクシデントの場面を想定し、どのような状況でも戦えるよう戦略を立て、シミュレーションをし、練習を積んでいたとのことです。
　想定外のことが起きた場合、ただ慌ててオロオロしたり、その時の直感や柔軟性だけを頼りに行動したりするのではなく、想定して練習を行っておくと、脳がその状況に対応するための回路を作成します。そして現実にそうした場面に遭遇した際には、その回路を使って対応できるため、成功の確率ははるかに高まるといいます。

　研修は相手あってのものです。
　とくに、参加者主体の研修手法を取り入れ、ファシリテーションを行っていくと、参加者が話したり、発表をしたりする場面が多くなりますので、想定外のことが数多く起きるものです。
　そんな時に慌ててしまわないように、**さまざまな状況を想定し、シミュレーションを行っておく**と良いでしょう。そこまで行うのが、ファシリテーターとしての講師の仕事なのです。

以下、第４章では、次の２つの切り口からシミュレーションを行っていきます。

	例
対応が難しい場面	●ディスカッションが活発ではない、対話が進まない ●反応がない、講師の空回り ●話が盛り上がって、時間がオーバーする ●想定外の質問や挑戦的な質問が来る <div align="right">など</div>
対応が難しい参加者	●学習に積極的に見えない ●研修中に他のことをする ●寝ている ●否定的・批判的なコメントが多い ●挑戦的なコメントをする <div align="right">など</div>

「対応が難しい場面」については、このあと4-1で、「対応が難しい参加者」については、4-2でそれぞれ検討していきます。

「転ばぬ先の杖」として、事前に学び、シミュレーションを行い、いざという時に確実に対応できるようにしておきましょう。

対応が難しい場面①
ディスカッションが活発ではない、対話が進まない

なぜ、ディスカッションが活発にならないのか？

　まずシミュレーションをしたいのは、チーム内でディスカッションをしてもらい、その結果を全体にシェアしてもらって、講師はファシリテーションを行うというデザインにおいて、チーム内でのディスカッションが進まず、「シーン」としてしまっているようなケースです。

　ここでは、「なぜ、ディスカッションが活発でないのか」という観点から、次の3つの対策を考えていきます。

> **POINT!**
>
> ◎ディスカッションが活発ではない時に見直したい3つのポイント
> - 設定時間は適切か？
> - チームの人数、メンバーは適切か？
> - 問いかけは質の高いものか？

対策①　設定時間を短くする

　ディスカッションの設定時間は適切でしょうか？

　177ページでご紹介したように、ディスカッションを含めたアクティビティは短めに設定するようにします。設定された時間が長いと、ゆっくりとしたモードで取り組みます。一方で、設定時間が短いと、時間内に終わらせようと集中して取り組んでくれることが多いものです。

　もし活発ではなかったり、対話が進まなかったりするようであれば、まずは設定している時間を短くすることを検討してみましょう。

対策②　メンバーや人数を変える

　チーム内の人間関係はどうなっているでしょうか？　雰囲気が悪くなっている、ということはありませんか？

　もし、チーム内の雰囲気などが影響しているようであれば、チームをシャッフルして異なるメンバーで話してもらいます。なお、チームのメンバーは、ディスカッションが活発に行われているか、対話が進んでいるかどうかにかかわらず、固定せずに行うようにしましょう。

◎メンバーを固定するデメリット

・発想が広がりにくい
・新鮮さがなくなる
・一部のメンバーが仕切ったりしやすくなる
・対応が難しい参加者がいた場合、特定の人がその被害を受け続ける

　また、ディスカッションの際の人数は、適切でしょうか？

　もし、5〜6人だと話しにくいようであれば、2〜3人単位でディスカッションをすると良いでしょう。人数を減らすと話すプレッシャーが低くなり、じっくりと話ができるというメリットも生まれます。

対策③　問いかけの質を上げる

　ディスカッションの問いかけは適切なものでしょうか？　オープンすぎて答えにくい問いかけになっていませんか？

　2-3で解説したように、問いかけ方によって参加者の反応は変わります。質問の質を上げる工夫はできないでしょうか。

　また、次のようなケースも考えられます。

・深い自己開示を求める問いになっていないか？

・難易度が高すぎる問いになっていないか？

それぞれ、次のような対策が考えられます。

状況に応じて使い分けるようにしてください。

◎「問いの質」を高める（例）

● 「深い自己開示を求める問い」の場合
（対策）

・「聞いた話は外に持ち出さない」という趣旨のグラウンドルールを設定する

・深い自己開示を求めるディスカッションに進むまでの段階で、チーム内の自己紹介の時間をしっかりと確保する

・ディスカッションの人数を減らす（例：ペアで話す）

● 「難易度の高い問い」の場合
（対策）

・段階的に答えを導くデザインにする（例：最終的に話してほしい内容についてのディスカッションの前に、選択肢を提示し、「どれを選択するか、その理由は何か」など段階的に答えていく）

対応が難しい場面②　反応がない、講師の空回り

なぜ、反応がないのか？

　次に考えたいのは、対応が難しい場面①同様、参加者からの反応がないという場面です。ここではとくに、「講師が全体に問いかけて、誰かが挙手して答えるなどの反応を待っているけれど、その反応がない」といったケースを考えてみましょう。

　そもそも反応がない理由は、講師が問いかけを行い、誰か1人を指名したり、挙手を求めたりといったスタイルをとっているからであると言えます。

　1-2でも述べましたが、本書で紹介する「参加者主体の研修」では、講師が問いかけて誰か1人を指名したり、挙手を求めて発言してもらったりするというスタイルはあまりお勧めしていません。

　特定の個人ではなく、全員を巻き込むファシリテーションに変えることで、こうした場面が生じることを防げるでしょう。

「反応がない状況」をつくらないファシリテーションの基本ステップ

　問いかけても反応がないという場面をつくらないためにも、以下のステップを基本としてファシリテーションを行います。

　このプロセスを用いることで、「リーダー」の役割を担うことになった人は、「発表する役割」であるという認識をもってくれるようになります。すると、これまでに比べると、「発言しよう」という意識が高まるでしょう。

　もし、こうしたプロセスに変えても、何を答えていいかわからないようであれば、問いかけの内容の質を検証する必要があるでしょう。

POINT!

◎ 「反応がない」状況をつくらないファシリテーションの基本ステップ

ステップ1　問いかけの内容を伝える

⬇

ステップ2　チームのリーダーをランダムな方法で選ぶ 　＊リーダーの選び方は、3-1を参照

⬇

ステップ3　チーム内で話す

⬇

ステップ4　リーダーが全体にシェアする

対応が難しい場面③
話が盛り上がって時間がオーバーする

時間設定は適切か？

　まず、時間設定が適切であるかどうかを振り返ってみましょう。

　もし、意義のある話で盛り上がったり、深めるためにもっと時間が必要だったりした場合は、時間を延長する対応が良いでしょう。

　そして記録に残し、次回以降は、ディスカッションやアクティビティの時間を多めに設定するなどするようにします。

> **POINT!**
>
> **◎時間調整の方法**
>
> ●アクティビティ
> 　時間が余ったら加えること、時間が足りなかったらやめることを、あらかじめ決めて用意しておく。それを研修の最後で行うのではなく、20〜90分の単位の中で細かめに調整する
>
> ●人数
> 　時間的な余裕がある時は5〜6人のチームに、余裕がない時はペアにする

設定した時間に合わせてもらう工夫

　とは言え、何度もそれが起きると研修全体の進行に影響してしまいます。設定した時間を意識してペースを合わせてもらう工夫も必要です。

　たとえば、設定した時間に合わせてもらうためには、次のような工夫が考えられます。

POINT!

◎設定した時間に合わせてもらう工夫

①タイマーの活用

　スクリーンに表示できるタイマーを使用する。会場に設置されている時計で「○分まで」という設定より、スクリーンに表示されているほうがよく見えるはずなので、意識してもらいやすくなる

　キッチンタイマーを講師の手元に置いていても、参加者には見えないため、見えるもので共有する

②途中で合図する

　「残り○分」という合図をし、ペース調整をしてもらう。必要に応じて、個別に声をかける

　（例）「あと3分ですので、ちょっとペースをあげましょうか」

対応が難しい場面④
想定外のコメント・挑戦的な質問

想定外のコメント・挑戦的な質問への対応

　想定外のコメントがきた時、どのように対応していますか？　また、参加者から挑戦的な質問がきた場合はいかがでしょうか？

　こうした場面は、講師のファシリテーションの力が試されます。

　以前、あるセミナーに参加していた際、まったく想定していなかったコメントが返ってきた時、どう対応していいかがわからず、まるで聞かなかったかのように流して、講師が用意していたまとめのコメントを返す場面を見たことがありました。これでは、せっかく考えたり、ディスカッションをしたりして出てきた内容をシェアしてくれた参加者に対して、無視するような対応になっています。

　こうした対応が一度でもあると、参加者と講師の関係性が壊れてしまうことにもなりかねません。

　また、「研修内容に同意できない」「役に立たない」など否定的・挑戦的な質問を受けた際、その参加者と講師が１対１で議論してしまい、場の空気が悪くなったり、他の参加者が「部外者」になったりする場面を見たこともありますが、これも良い対応とは言えないでしょう。

　まさに難しい場面ではありますが、**焦らずに対応することで、より対話を深めるチャンスに変えることもできます。**

　参加者の意見に耳を傾けながら、全員を巻き込み、効果的なディスカッションへと導いていきましょう。

> **POINT!**
>
> ## ◎想定外なコメント・挑戦的な質問への対応　基本のステップ
>
> **①発言に感謝する**
> 「シェアありがとうございます」などと感謝の言葉で受け止める
>
> ⬇
>
> **②考えたプロセスを聞き、「なるほど、そう考えるとそうなりますね」などと受け止める**
> 次のような問いかけを行い、参加者の思考プロセスを確認し、プロセスや条件がそうだとその結論になるなどという表現で受け止める
> （問いかけ例）
> 「どのようなプロセスで話し合ってその結論が出ましたか？」
> 「話し合った際にどんなことがポイントだと考えましたか？」
>
> ⬇
>
> **③条件を変えて考えるとどうなるかなど、問いかけて考えてもらう**
> 考えたプロセスの中の一部を変えたら結論が変わるかを問いかけて、考えてもらう
> （問いかけ例）
> 「もし○○という状況だったらどうでしょう」
>
> ⬇
>
> **④「そう考える人は多い。なぜだろう？」と深める**
> もしくは、よくある間違いのような回答であれば、このように問いかけてさらに考えてもらう

　このような問いかけを、発表してくれたチームだけに投げかけるという対応のほか、他の参加者やチームを巻き込む方法も有効です。

　このように他の人・チームを巻き込むことで、講師対その人・チームの議論になることを避け、全体でディスカッションをする雰囲気をつくることができます。

　また、**講師に言われるよりも、同じ立場の他の参加者の意見や見解のほうが受け入れやすい**という心理が働くことも多いため、「講師に否定された」という印象を与えずに、反対の見解を受け入れてもらいやすくなります。

◎他の参加者やチームを巻き込む（例）

- 「なるほど、そう考えたんですね」などと受け止め、「他の人はどう考えたかを聞いてみましょう」と言って、他のチームを巻き込む
- 「ぜひ別の考えも聞いてみたいのですが、別の意見や見方があるチームはありませんか？」と投げかける
- 「たしかにそう考えるのが一般的かもしれませんね。ではあえて別の（反対の）見方ができないか、チームで考えてみましょう」と反対の見方を促す

1-3でご紹介した「学習の法則」のひとつ、**「法則2　人は自分が口にしたことは受け入れやすい」**を覚えていますか？　この法則は、自分が言ったことだけではなく、同じ立場の参加者が言ったことのほうが受け入れやすいという解釈もできます。

「対応が難しい場面」を防ぐために

参加者によるばらつきをどう考えるか？

　ここまで、典型的な「対応が難しい場面」について検討してきました。対策や予防法もあわせて見てきましたが、どれだけ問いかけの質を高めたり、ファシリテーションのデザインを工夫したりしても、参加者のリアクションをコントロールすることはできません。

　同じ研修デザインで同じようにファシリテーションを行っても、参加者は毎回異なります。そのため、毎回同じリアクションが戻ってくるわけではありません。理解度や参加者のみなさんのリアクション、それぞれが立てるアクションプランの内容が異なるのは自然なことです。

　何を重視して、どんなアクションをとるのかは、「参加者の選択の自由」です。そして、**「参加者ができることは、講師はしない」**というのが、講師の働きかけの前提でした。そのため、参加者の考えを受け入れます。

　このように見方を変えることもできるでしょう。

　一方的な講義をしている場合、参加者の理解度や、「どのような印象や感想を抱いているか」「何を実行しようと思っているか」を発信してもらう機会がとても少なくなります。そのため、講師は参加者の表情やごく限られた発言、終了時のアンケートなどから「推測」するしかありません。推測は、当たっているかもしれませんが、外れているかもしれません。

　ですが、参加者主体の研修手法を用い、参加者に発信してもらう機会が多い研修をファシリテーションすると、その「推測」の割合が減り、ダイレクトに講師にフィードバックされます。「理解しているか」「どんなことを持ち帰ろうとしているか」が、はっきりと見えるわけです。それは、見

えずに推測しているより、はるかにすばらしいことなのではないでしょうか。

許容範囲を設定する

　許容範囲を設定しておきましょう。参加者に選択の自由を認めながら、「ここからここまでであればOK」というラインを想定しておくのです。その範囲内であれば、「いつも同じ結論や結果ではなくても良い」と考えるようにします。

　たとえば、部下育成について学んだ上司のアクションプランとして、「来週1名の部下と○○について対話してみる」というものが挙がったとします。講師としては、すぐに全員の部下に実践してほしい内容でした。ですが、その人のスケジュールや性格などが影響している可能性もあるでしょう。その場合、「必ず来週中に全員と実践する」と強要するのは反感を買うなど、かえってマイナスになりかねません。

　許容範囲内に収まらない場合、それは研修最後のクロージングで修正しようとしても遅すぎるかもしれません。今回のことを学び・気づきとして次回以降の研修のデザインに反映させ、許容範囲に導けるようにしましょう（第5章で行う「振り返り」によって、次回の研修へと活かしていきます）。

Column

講義ではなくファシリテーションが多いと主催者の満足度が下がる!?

研修は講師の語る「ためになるお話」を参加者は心して聞くもの――。

そんな固定観念から離れられない研修担当者や参加者の上司の方々がまれにいます。外部講師を招いての研修の場合、とくにその傾向が高まるようです。

研修の依頼者がそういう考えをおもちの場合、アクティビティやディスカッションなど、講師がファシリテーターとして振る舞う場面が多い研修を行うと、参加者の満足度は高くても、担当者は物足りないと感じてしまうこともあるようです。

これにはどう対応すればいいでしょうか。

対策として、次の2つが考えられます。

対策① 内容（What）だけではなく、デザイン・進め方（How）も打ち合わせをしておく

研修を企画する際、どんなコンテンツにするかは事前にしっかり打ち合わせをしても、デザインや進め方についてはあまり話さないケースが少なくありません。重要さは同等です。内容だけではなく、デザインや進め方についてもしっかりと打ち合わせをし、合意を得ておきます。

対策② 効果測定の指標を設定する

効果測定の4段階（276ページ参照）に基づいて、「何をどう評価するか」を、研修前に決めておきます。「研修はイベントではなくてプロセス」です。当日の満足度だけではなく、研修後の実践や、成果につながるかが大切であることは言うまでもありません。研修で何を教えるか、どう進めるかが一番大切なのではなく、その後参加者がどうするかが大切であることを、事前にしっかりと確認し合います。

研修後の成果につなげるためには、一方的な講義ではなく参加者主体の方法のほうが効果的であることを説明し、納得してもらったうえで企画を進めます。

4-2

対応が難しい参加者への接し方

「対応が難しい場面」に続いて、「対応が難しい参加者」への接し方について検討していきましょう。そもそも、「対応が難しい参加者」とは、どういう方のことでしょうか？ そこを明らかにしないことには、接し方を検討することはできません。経験上、イメージが浮かぶ方もいらっしゃるかもしれませんが、まずはしっかりと定義するところから始めていきます。

　そのうえで、「対応が難しい参加者」を生まない工夫、そしてもし実際に生まれてしまった時にどうするかという対応法を考えていきましょう。

本項の Key word

「対応が難しい参加者」
「対応が難しい参加者を生まない工夫」
「上司の巻き込み」

対応が難しい参加者とは?

そもそも、対応が難しい参加者とは?

　4-1では対応が難しい「状況」について考えました。ここでは対応が難しい「参加者」について検討します。

　まず、「対応が難しい参加者」とはどのような人のことを意味するのかを明確にしておきましょう。

「研修の目的や、その人自身を含む参加者の学びを、阻害する要因になる言動をとる人」

　このような定義をすることができそうです。

　言い換えると、講師として気になる言動であっても、目的や学びを阻害する要因になっていなければ、「対応が難しい参加者」とは言えません。

　たとえば、こういう方はどうでしょうか。

・腕を組んでいる方
・無表情の方

　これらは、「対応が難しい参加者とは、どういう方ですか?」と問いかけると、実際によく返ってくるコメントです。

　たしかに、腕を組んで背もたれに背をあててこちらをじっと見ている人がいると、講師としては話しにくい感じはするでしょう。また、無表情の人は反応がわかりにくいのも事実です。「うんうん」と、笑顔でうなずきながら聞いてくれる方のほうが話しやすいものです。

ですが、この２タイプの方の言動は、研修の妨げになっているでしょうか？

　腕を組んでいる人はふだんからのクセで、とくに懐疑的であるとか挑戦的なメッセージを送ろうという気持ちは一切ないかもしれません。「深く考える時はその姿勢になってしまう」というだけである可能性もあります。

　また、無表情な方というのも、日頃から無表情なだけで、不満を表現しているわけではないこともあります。個別に話しかけると、にこやかに対話してくれる、ということもめずらしくはありません。

　ほかにも、一見、研修を阻害するようだけど必ずしもそうとは限らないケースは考えられるでしょう。

　以下に、「研修の妨げになるように見える参加者の言動」に対して、考えられる理由をまとめます。これ以外にも、「研修の妨げになるように見える言動」とその理由として可能性があることを、追加で考えてみてください。思いつくものを空欄に追記してみましょう。

○研修の妨げになるように見える参加者の言動とその理由

ディスカッションの際に発言がない	・じっくり考えたかった ・経験の長い自分が先に発言するとほかの人が発言しにくくなるため、遠慮していた ・体調が悪い
メモをとらない	・その内容については熟知していてメモをとる必要がなかった ・講師の話に刺激を受けていろいろな考えが浮かび、まずは自分の中で整理しようと考えることに集中していた
遅刻してくる	・忙しい中でも何とかして参加したいと思って参加した
研修中に電話に出る	・研修には興味があるので、無理をして業務を調整して参加している ・責任感が強い
離席する	・体調が悪い ・緊急の業務を終わらせて研修に集中したい
無表情	・ふだんから無表情 ・感情を表に出さないタイプ
問いかけても「とくにありません」などの返事しかしない	・しっかり理解できている ・研修がわかりやすい
何をどう実践するかのイメージがわかないと言う	・せっかく来たから終わるまでに具体的なイメージをもちたいと願っている ・正直なのでウソは言いたくない
否定的な発言が続いている	・職場に戻って実践しようとした時の障害や逆風がイメージできているので、何とか解決して戻りたいと思っている ・過去に同じような失敗をしたケースを知っていて、くり返したくないと思っている
ふんぞり返って座って腕組みをしている	・ふだんからそんな座り方 ・深く考え込んでいる ・聞くことに集中している
覚えていない	・そもそも、短期記憶に一時的に保存された情報はリビジットしなければ時間が経過すれば忘れるもの ・多くのことを覚えようとしているため、忘れることが出てきてしまう

寝ている	・体調が悪い ・睡眠不足 ・忙しくて疲労が溜まっているけれど、研修には興味があるので無理をして業務を調整して参加している
質問が多い	・理解したいと真摯に思っている ・ほかの人も質問したいだろうということを察して代弁している

　ここで挙げたような参加者の事情も考慮する必要がありますが、現実に、対応が難しい参加者が存在するのはたしかです。
　「対応が難しい参加者」の例としてはどのような言動があるかと、講師・社内講師の方にお聞きすると、以下のような答えが返ってくることが多いようです。

◎**対応に困る参加者の言動例**

　・メールなど他のことをする

　・寝る

　・否定的・批判的な発言が多い

　・挑戦的なコメントをする

　ここではこうした言動にどう対応するかを具体的に検討しますが、個別のケースを考える前に、基盤となる考えをまとめます。

対応が難しい参加者を生まないために

　まず、「対応が難しい参加者」の言動というのは、いつ始まるのでしょうか？　講師は、研修の場ではじめて参加者と会うかもしれませんが、このような言動の元となることは、研修前に始まっていることもめずらしくありません。

　研修はイベントではなくて、プロセスであるため、**「対応が難しい参加者の言動」を引き出さないために、準備段階、デザインの段階でできること**があります。

　ここでは以下の5点について考えます。

```
◎対応が難しい参加者を生まないために考えたい5つのポイント
  ・会場のレイアウト
  ・オープニング
  ・問いかけ方
  ・グループダイナミクス
  ・研修前の働きかけと上司の巻き込み
```

対応の難しい参加者を生まない工夫

会場のレイアウト——対話が生まれやすい環境をつくる

　参加者主体の研修手法では、参加者同士の対話を重視します。それは、そこから生まれる学び合い・教え合い、シナジーなどの効果が大きいというメリットがあることが最大の理由なのですが、実はその効果はこうした事柄だけではありません。

　参加者同士の対話を重視することが、対応が難しい参加者への対策にもなるのです。

　研修が講義や講師と参加者のコミュニケーションに終始していると、否定的な意見や対応に困るような発言・質問を、参加者は直接講師に伝えてきます。ですが、参加者同士の対話の時間が多いと、ほかの参加者の発言を聞くうちに、そうした否定的な気持ちが緩和されることもあるのです。ほかの参加者が、緩衝材的な役割をはたしてくれるため、対応が難しい参加者が生まれづらくなるのです。

「それはおそらく〇〇ということなんじゃないかな？」
「私は、こんなメリットがあると感じています」
「あ、これXXにすごく使えそうです！」

　などという対話がチーム内で起きるイメージです。

　こうした対話を多く生み出すためにも、会場のレイアウトは円卓型もしくは島型（126ページ）がお勧めです。

オープニング――参加者との関係性をつくる

研修におけるオープニングの大切さはすでに解説してきましたが、「対応が難しい参加者」を生まないためにも、オープニングはとても重要な意味をもちます。

オープニングではとくに下記のような工夫が、対応が難しい言動を引き出すリスクを減らします。

POINT!

◎対応が難しい参加者を生まない工夫――オープニング

①この研修に参加するメリットや必要性を感じることができる

研修の冒頭で「大切なメッセージ」を発信することで、研修への興味を高めたり、興味をひいたりする。また、目的やアジェンダの解説なども含め、「その研修が参加者にとってどんなメリットがあるのか」を感じてもらえると、研修に積極的に参加しようという意識が高まる。さらに、何を学びたいかを参加者自身が自分の言葉で表現する時間を設けることで、自分事として主体的に取り組む姿勢を形成する

②講師に対して信頼感をもつ

オープニングで講師との信頼関係を構築することができれば、対応が難しい言動はおのずと減る

③グラウンドルールで予防する

企画段階や事前の打ち合わせから、「参加する意義を感じていない参加者が多いかもしれない」などの状況が予測ができる場合、グラウンドルールでそれを予防する。たとえば、次のような項目を入れておき、オープニングで確認する

（対応が難しい参加者を生まないグラウンドルール例）

「前向きな発言をしましょう」

「建設的な意見を言いましょう」

グラウンドルールも講師側からの押しつけにならないように、「お願い」という表現を使ったり、あるいはグラウンドルールを参加者自身に設定してもらったりすることで、主体的にかかわってもらうことも有効です（195ページ参照）。

　参加者自身に設定してもらう場合、「電話はマナーモードに」などエチケット的なことは講師からのお願いとし、「前向きな発言をする」など「参加姿勢」を各チームで設定してもらうなどすると良いでしょう。

　設定したグラウンドルールは、守れていない時に罰するということではなく、守れているチーム・個人をほめるという運用のほうが全体の雰囲気がポジティブになります。

問いかけ──問いかけが対応が難しい参加者の言動を引き出す

　参加者主体の研修では、「対応が難しい参加者」を生み出しやすいNGワードがあります。

「何か質問はありますか？」

　この言葉がNGな理由は、次の２つです。

理由①　この問いかけは、「質問をしてもらう」という目的をはたさない

「何か質問はありますか？」と問いかけても、多くの場合、返ってくるのは沈黙です。つまり「質問をしてもらう」という目的が達成できない問いかけであり、無意味と言えます。

　こうした表現よりも、リアクションをしやすいものになるような工夫をしたほうがいいというのは、すでに述べたとおりです。あるいは、いつでも質問を書いて貼って良いスペース（質問ボード）をつくっておくのも有効です（231ページ参照）。

・「次に進む前に確認しておきたいことはありませんか？」
・「ここをもう一度説明してほしい、という点があれば、ぜひ教えてください」

理由②　対応が難しい参加者の言動を誘発しやすい

「何か質問はありますか？」と問われると、何を質問してもいいわけなので、下記のような質問をする絶好のチャンスを提供していることになるのです。

「あのー、そもそも、これを行う意義がよくわからないのですが……」
「ずっと気になっているのですが、これ、現場で本当に使えますか？」

同様に、次のような質問もさまざまな対応が難しい参加者の言動を誘発しやすいので、避けたほうが無難です（どう言い換えるかは3-4を参照してください）。

○対応が難しい参加者の言動を引き出しやすい問いかけ

NG例

・「ここまでの感想を聞かせてください」
・「これについてどう思いますか？　何か意見のある方はいますか？」
・「気づきを自由にシェアしてください」

　こうした問いかけは、「何を発言しても良い」と捉えられるきっかけになりやすい、という点で、リスクが高いものです。また、否定的な発言などが出なかったとしても、オープンすぎるため、参加者の回答の焦点が定まらず、有意義な対話の時間にならない可能性もあるという点でもお勧めしません。

　たとえば、以下のような反応です。

「〇〇の重要性をあらためて認識しました。たしかにおっしゃるとおりなので、やってみたいと思いますが、まだ自信がありません。これまでのやり方を変えないといけないな、と思いました」

　とくに挑戦的でも否定的でもないのですが、具体性もなく表面的です。対応が難しい参加者の言動を引き出さないという、やや後ろ向きにも感じられる理由のみならず、学習効果を高めるという意味においても、問いかけ方には工夫が必要なのです。
　本書でくり返しお伝えしていることですが、ここであらためてその重要性を再認識しましょう。

グループダイナミクス──場の力を活用する

263ページで紹介した「何か質問はありますか？」というNGワードは、講師が全体に対して問いかけることで、対応が難しい参加者の言動を引き出すリスクが高まります。

一方、ファシリテーションとして、下記のプロセスを活用すると、チーム内で否定的な意見や挑戦的な発言があったとしても、それが全体の場でシェアされる可能性は低くなります。

> **POINT!**
>
> ◎対応が難しい参加者を生み出しづらくするファシリテーションのプロセス
> 1. リーダーを決める
> 2. チームで話し合う
> 3. リーダーが全体にシェアする

まず、リーダーになった人は、全員の前ではできるだけ建設的な発言をしようと思うのが自然なので、チーム内での否定的な意見をそのまま全体にシェアしたりはせず、その他に出た発言からうまくまとめてくれることが期待できます。

また、否定的な発言をしがちな人も、講師に対しては否定的な発言をするものの、チーム内では協力的であることもめずらしくありません。これは、参加者に対して、「立場が同じ仲間である」という気持ちがあり、仲間に対しては迷惑をかけたくないという心理が働くからです。

このような**グループダイナミクスをうまく活用するためにも、講師は全体に問いかけて挙手を促したり指名したりするのではなく、ペアやチームで話してもらってファシリテーションを行うほうが安全**です。

こうしたファシリテーションが行えるように、事前に計画を立てておきます。

研修前の働きかけと上司の巻き込み

1-1でも述べたとおり、**研修はイベントではなく、プロセス**です。ここまで見てきた対応が難しい参加者は、研修当日に何かのきっかけや理由でそのような言動をとることもありますが、実は研修前にそのような状態（対応が難しい言動がとりやすい状態）になっていることも少なくありません。

たとえば、研修前に、何らかの理由で研修に対する興味関心をもたないまま、あるいは、参加者側の参加準備が整っていないまま研修に参加してしまうケースです。

以下の３つに分けて対策を検討します。

対策① 事前学習

「研修内容が簡単すぎる」「この内容は知っている・できる」と感じる参加者が生まれないようにするポイントが事前学習です。

知識や経験にばらつきが大きい参加者が集まると、研修のファシリテーションはより難しくなります。講義を行うにも、どこにレベルを合わせるかが難しくなります。**事前学習は、こうしたばらつきを緩和させる役割をはたします。**

また、事前学習をとおしてどのような研修内容なのかがイメージできるため、「知っている・できる」と感じている参加者にも、学ぶ必要性を認識してもらえたり、もし人選ミスで本当に研修に参加する必要がないレベルの方がいた場合、事前に参加をキャンセルしたりするなどの対策を講じることもできます。

対策② 研修に参加する意義

研修についての案内などの発信は、研修に魅力を感じる内容になっているでしょうか？　日時や場所だけの事務的なものになっていませんか？

過去にこの研修に参加した人がどんな成果を出しているか、現実のどのような場面でどう活用できるかなどを具体的に紹介し、研修に興味をもってもらう工夫をしましょう。

対策③　上司の巻き込み

　最大のポイントとなるのが、**参加者の上司の巻き込み**です。その研修の意義やメリット、**「なぜあなたが参加することになったのか」「学んだことをどう実践してもらう予定なのか」**などを研修前にきちんと対話してから送り出してもらいましょう。

　研修に参加する部下のモチベーションに、上司の与える影響は大きいものです。ここでしっかりと動機づけがされていると、研修に対する興味が高まり、「学ぼう」という姿勢で参加してくれます。一方、そうではない場合、研修開始の時点で、すでに研修内容や講師に対して懐疑的な状態になっている可能性もあるのです。

　このような対策を研修前に講じることで、対応が難しい参加者が研修前に生まれないようにします。

ケース別 対応が難しい参加者への接し方

　ここまでで事前にできる対策を検討してきましたが、それでも研修当日、対応が難しい参加者が出てしまった場合どう対応すればいいのか、その対策を検討します。

　ケースごとに詳しく見ていきましょう。

ケース① 隣の人に小声でつぶやいたり、質問したりする

・部屋の中を歩きながら、その人の近くに行く（講師が物理的に近くに行くだけで、伝えたいメッセージは伝わる）
・「何かご質問があったらどうぞ遠慮なくおっしゃってくださいね」など、全体にシェアするよう促す

ケース② メールなど他のことをする

・上記同様、部屋の中を歩きながら、その人の近くに行く
・アジェンダの解説の際、休憩時間が何時頃になるかを予告し、グラウンドルールでメールや電話はそこで済ませてもらうように依頼する
・全員立ってフリップチャートのところで話す、終わったら座る、など動きを伴う方法を用いて、座ってメールをするのが難しい状況を多くつくる

ケース③ 寝る

・上記同様、部屋の中を歩きながら、その人の近くに行く
・全員立ってフリップチャートのところで話す、終わったら座る、など動きを伴う方法を用いて眠気を覚ます

- ・「90/20/8」の法則を徹底し、8分に1回の参画を取り入れ、そもそも眠くならないようなデザインにしておく
- ・エナジャイザーを行う

ケース④　発言しない

- ・ペアで話す時間をつくる
- ・チームで話す前に、個人で考えて付せんに書き出し、その付せんを持ち寄って話す、という流れにする
- ・全員起立し、ABCの三択でAの人は座る、次にBの人は座る、などのインストラクションをして、言葉ではなく動作で意思表示をしてもらう
- ・「考察タイプ」（55ページ参照）かもしれないので、発言の量を増やすことだけを重視せず、学んでいる様子であれば見守る

ケース⑤　関係のないおしゃべり、ディスカッション中に脱線する

- ・上記同様、部屋の中を歩きながら、その人の近くに行く
- ・設定時間を短くする
- ・全員が静かになるまで、沈黙する（間をとる）
- ・特定の人がそうなのであれば、その人がリーダーになるようにする。たとえば、「今日来ている服で黒の面積が一番大きい人」など、気づかれないように特徴を把握して、リーダー決めの際に活用する

ケース⑥　否定的・批判的・挑戦的

- ・問いかけ方を工夫して、否定的な発言をする機会をできるだけつくらない

「この方法のメリットを3つ挙げてください」

・他の人を巻き込むファシリテーションを行う

・「ほかのチーム（人）はどんな見解ですか？」
・「この意見と同じだというチームはありますか？」
・「……というご意見ですが、違う見解のチームはありますか？」

　これは、前述の「講師より他の参加者の意見のほうが受け入れやすい」というのを活用する方法です。

ケース⑦　発言するがポイントがずれている

・まず、リーダーを決めてリーダーが発言する流れにしておくと、まずこのような発言自体が減る
・それでも挙手で発言された場合などは、発言に感謝し、受け止める。その後、「それについては後ほど個別にお話してもいいですか？」などと伝え、休み時間などに対応する

ケース⑧　同じ人がいつも発言する

・リーダーをランダムに決め、固定しない
・個人で考えて書き出したものを持ち寄って話すようにする
・「発言する人はボールを持つ」「終わったら次の人にそのボールを渡す」

など、話す権利を象徴する物を何か使う。これによりずっと同じ人がその物を持っていることが明らかになるために、「譲ろう」という空気が生まれやすくなる

ケース⑨　「研修と現場は違う」「昔は」「自分は」など持論を展開する

・受け止めて、傾聴する。聞いてもらいたいというニーズが満たされると受け入れてくれることもある
・「学んだ内容を職場でどう活用するか」や「活用することのメリット」を考えてシェアする時間をつくる。他の参加者の話が説得になる
・学んだことをもとに、「始めること」「やめること」「続けること」を考えてシェアするアクティビティを行う。「続けること」についても認めることで変化にもオープンになってもらえる可能性が高まる

ケース⑩　講師を質問攻めにする

・質問ボードを設置して活用を促す
・質問できる権利を表すボールなどを用いる（前述のとおり）
・他の参加者は興味や必要がなさそうであれば、「休み時間に個別に回答していいですか？」と言い、個別に対応する

ケース⑪　「自分はできている」と思っている、プライドが高い

・上司や部下など重要人物からのフィードバックを受け取る機会を設ける
　（例）事前にアンケート調査をしておき研修中に紹介する、事前に個別
　　　　メッセージをもらっておき研修中に渡すなど
・EATのデザインにし、Eのアクティビティで自分が完璧でないことに気づいてもらうよう導く
　（例）最初にロールプレイを行い、お互いにフィードバックする、ケーススタディを行って解決できる点とできない点を整理するなど

・実際に経験や知識が豊富なのであれば、その経験や知識をシェアしてもらう場面をつくる。突然指名するのではなく、あらかじめ意図と内容を依頼して、承諾してもらえたら話してもらう（敵に回さないことが大切）

それでも解決しない場合

　最後に、こうした対応をいろいろと行っても解決しない場合、休み時間などを利用して個人的に声をかけます。

　その際、決して上から目線で「やめていただかないと困るんですが」というニュアンスではなく、**ニュートラルに話しかける**ことが大切です。

・「先ほどの○○という発言をお聞きして、研修の内容に納得していないのではないかと感じたのですが、お話を聞かせていただけませんか？」
・「眠そうにしていらっしゃるのが気になったのですが、どうかされましたか？」

　全員のいる場では攻撃的だったりする人も、個別に声をかけると本心を話してくれたり、やわらいだりすることもめずしくありません。

第5章

研 修 フ ァ シ リ テ ー シ ョ ン の
効 果 測 定

5-1

研修ファシリテーションの質・効果を振り返る

　いよいよ最後の章となりました。第5章では、研修の効果測定について検討していきます。

　冒頭で、研修の目的は、ビジネス上の結果を出すことだとお伝えしました。実施した研修が目的に照らして意義のあるものだったのかを、どのように測定すればいいでしょうか。

　また、研修の運営・ファシリテーションという視点で考えると、研修を実際にやってみてわかったことを次回以降の研修に活かしていく、という視点が欠かせません。では、何をどのように振り返ると、効果的なのでしょうか。本書の最後に、今後の研修を改善していくために欠かせない「振り返り」について考えていきましょう。

本項の Key word

「効果測定」
「カークパトリックの4段階評価法」
「ファシリテーションの質」

研修の評価・効果測定

研修には、効果測定が欠かせない

　研修もビジネスの活動のひとつなので、PDCAのサイクルを回すことが大切です。つまり**研修を実施して終わりなのではなく、検証し、次回に活かす**ことが大切なのです。

「研修を実施したけれど、その効果はあったのか？」
「研修によって、どんな成果が得られたのか？」

　これらを把握することは、研修に携わる者として欠かせないことです。
　以下では、研修の効果測定法として代表的な「カークパトリックの４段階評価法」に基づいて、考えていきましょう。

カークパトリックの４段階評価法

　研修後の効果測定をどのような手法で行うのかは、研修後に考えるのではなく、研修前に企画しておくのが理想的です。

　経営者が研修について知りたいことは何でしょうか？
　それは参加者が満足したかどうかではなく、**研修を行って効果が出たのかどうか**でしょう。たとえば、「○月に行ったこの研修はどんな効果が出たのか？」という経営者からの問いに対して、「95％の参加者が研修については『大変満足した』と答えました」というデータは、残念ながらあまり意味がありません。
　しかし、研修担当者としては参加者の満足度も大切な指標のひとつではあります。

こうした研修の効果測定については、カークパトリックの4段階評価法がもっともよく知られた考え方です。

POINT!

◎**カークパトリックの4段階評価法**

レベル1	反応	研修に対する満足度を測る
レベル2	習得	研修で学んだことの習得度を測る
レベル3	行動	研修で学んだことの職場での実践度を測る
レベル4	成果	研修の結果、ビジネスにもたらした成果を測る

以下ではそれぞれのレベルにおける効果測定の内容と手法を考えていきます。

レベル1　反応

レベル1は研修に対する参加者の**反応**を測ります。

先ほど述べたように、経営者にとっては残念ながらあまり意味をなさない指標ですが、研修担当者や講師にとってはとても気になりますし、**継続的な質の向上に向けて重要な指標のひとつ**ではあります。

項目	内容
全体的な評価	全体的な満足度、業務に活用できるか、期待していた内容か　など
講師について	講師についての満足度、説明のわかりやすさ、参加者への対応について、質問への対応について　など
参加者自身について	積極的に参加したか、ほかの参加者はどうか　など
教材について	わかりやすさ、見やすさ、情報の充実度　など

こうした内容についてできるだけ具体的な設問を準備することで、改善点を特定しやすくします。

　また、**質問は、「改善できる・する意思がある」ことのみ**にします。
　たとえば、外部の施設を借りて研修を行うような場合は、「学習環境について」も質問します。これは、部屋の快適さ、機材、アクセスの便利さなどについて聞き、必要があれば改善しようという意図によるものです。一方、社内の施設で研修を行う場合は、そうしたことについて変更の余地がないケースも考えられます。質問しても改善できないのであれば、そうした質問は加えないようにします。

「レベル1　反応」は、研修参加者にアンケートを行うのがもっとも一般的な手法でしょう。研修終了時に紙のアンケートを記入してもらう方法や、研修終了直後にオンラインで回答する形式などが一般的です。
　それ以外の方法としては、参加者に個別に感想をヒアリングするフォローアップインタビューの手法などもあります。

(アンケート例)

研修アンケート用紙

このアンケート用紙は、皆さんの満足度をお聞きすると同時に、改善のためのヒントをお聞かせいただくことが目的です。

日付 _____ 年 ___ 月 ___ 日

講師 ダイナミックヒューマンキャピタル株式会社 _____

お名前(もし差し支えなければ) _____

もっとも役に立つと感じた情報は_____
_____

この研修で学んだことの中で、実践しようと思うことは_____
_____

この研修で学びたかったけど、情報が得られなかったと思うことは_____
_____

私の所属組織は、この研修の結果として何を私から得るか_____
_____

内容	高				低
全体的な評価	5	4	3	2	1
自分の仕事に役に立つ	5	4	3	2	1
資料が役に立つ	5	4	3	2	1
よくまとまった内容だった	5	4	3	2	1
コメント					

講師	高				低
全体的な評価	5	4	3	2	1
内容に関する知識を持っていた	5	4	3	2	1
参加者に興味を持って接した	5	4	3	2	1
コメント					

資料	高				低
視覚教材は効果的だった	5	4	3	2	1
ワークブックは役に立つ	5	4	3	2	1
よく準備された内容であった	5	4	3	2	1
コメント					

参加者としてのご自身について	非常にそう思う				全くそう思わない
研修に積極的に参加した	5	4	3	2	1
他の参加者も積極的に参加し、学習過程をサポートしてくれた	5	4	3	2	1
コメント					

Dynamic Human Capital

レベル2　習得

　レベル2は、研修をデザインする際に設定した**習得したい知識やスキルなどの目的を達成できたかどうか**を測定します。

　正確には、同じ測定を研修前後に行い、その差が研修で得られた成果であるということになります。つまり、研修前からもっていた知識は研修で得られた成果ではありませんので、同じテストをした場合のビフォーとアフターの得点差が研修の成果だということになります。

　測定対象とその手法は下記のようなものが一般的です。

測定対象	手法
知識習得	●確認テスト ●論文 ●ケーススタディに対する回答
スキル習得	●ロールプレイやシミュレーションなどによる実践スキルテスト ●職場に戻ってからの実践の様子をチェック

　このレベル2もレベル1同様、継続的な質の改善のために大切な指標ではありますが、この結果が良いからといってまだ研修が成功したということにはなりません。研修はイベントではなくプロセスですから、研修終了後にどんな成果があったかが大切です。

　つまり、効果測定のレベル3と4が重要になるのです。

レベル3　行動

　レベル3は**実践度**ですから、**行動変容**と言い換えることもできます。

　研修を受ける前には発揮していなかったスキルを発揮しているか、ある状況における行動が研修を受けた成果で変わったかです。

　たとえば、今までは部下から問題報告を受けた時に、感情的になって指示を出していた上司が、部下の話を傾聴し、コーチングのスキルを使って

部下自身に解決策を考えさせるようになったなどの行動変容が起きているかどうかを測るのです。

レベル２の習得度は期待どおりの結果だったにも関わらず、その後、学びを実践していない場合、その原因を分析し、今後の計画に活かします。
レベル３では、参加した本人には次ページのような方法で行動変容を測ります。

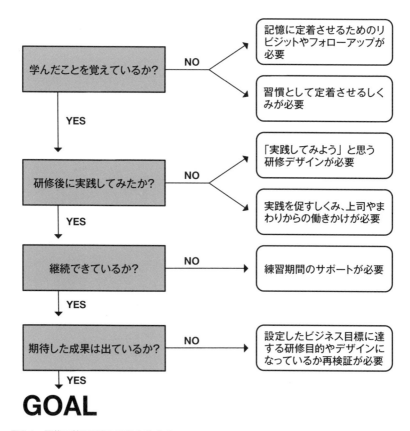

図5-1　研修の効果測定と改善のポイント

POINT!

◎**参加者の行動変容を測る観点**

● 研修で学んだことをどれくらい実践しているか
● 研修で学んだことの何を実践しているか
● 実践してどのような結果が出ているか
● 実践してうまくいっていること
● 実践はしたがうまくいっていないこととその理由
● 実践しようと思っていたが、できていないこととその理由
● どのような支援があったらより実践につながるか
● 今後何をどう実践していくか
● 研修を振り返ってみて、研修の改善のためのアイデアや意見

また、参加者以外にも、以下のような人からも情報提供を得ると有効です。

POINT!

◎**行動変容を測る際のヒアリング先**

● 上司
● 部下（リーダーシップスキル研修などの場合）
● 顧客
● 社内顧客
● 同じチームのメンバー
● 業務上接点の多い他部署のメンバー

レベル３の手法としては、やはり最も一般的なものは、**アンケート**です。レベル１同様、**フォローアップインタビュー**なども可能です。

たとえば、参加者の上司にフォローアップインタビューをする場合、次のようなことを聞き出します。

（例）**上司へのフォローアップインタビューで聞くこと**

・あなたの部下は研修で学んだことをどれくらい実践しているか
・具体的に研修で学んだことの何を実践しているか
・実践してどのような結果が出ているか
・実践はしたがうまくいっていないこととその理由
・実践すると言っていたが、できていないこととその理由
・上司としてどのような支援をしているか
・今後何をどう実践していってほしいか
・研修の改善のためのアイデアや意見

レベル4　成果

　レベル4は、**研修を行うことでビジネス上どんな成果が得られたか**を数値化する大切なステップです。研修参加者が、研修で学んだことを活かし、実践した結果、売上、顧客満足度、従業員満足度などのビジネス上の指標にどのようなプラスの変化が生じたかを検証します。

◎研修テーマと変化を追跡調査する指標の組み合わせ例

研修テーマ	ビジネス上の指標
オペレーションを学ぶ研修	作業効率（時間）、品質指標、ミスや不良品の発生率
接客応対	顧客満足度、クレーム発生率
販売スキル	売上、販売数、コンバージョン率
営業スキル	訪問数、販売数、売上、シェア、成約率
電話応対スキル	電話応対件数、電話1件あたりにかかる時間
試験対策	合格率
部下育成・リーダーシップ	エンゲージメント、従業員満足度、離職者数・離職率、部下の昇進昇格率

　そもそも**研修とは、知識やスキルの習得がゴールなのではなく、「結果を出す」ために行っている**はずなので、このレベルの検証は欠かせないものです。

　ですが、現実には、研修以外の外的要因（競合他社の動き、景気の動向、世の中で起きた事件や事故の余波など）の影響も大きくなります。指標・KPIに変化があったとしても、それが研修の成果によるものなのか、ほかの要因によるものなのかの判断が難しいと言えるでしょう。

　しかし、「外的要因が多くて検証できない」というのは、ビジネスの世界では容認されない言い訳です。すべての研修でレベル4を測定することは現実的ではないかもしれませんが、検証が難しいから検証すらしないと

いう姿勢は避けるべきです。

経営者が知りたいのは「成果」

　経営者やそのほかのステークホルダーにとって、もっとも興味があるのは**成果**、つまりレベル4です。レベル1について、「講師への満足度が5点中4.9だった」などは、あまり意味をもたないのが実情です。

　新商品の販促活動を行う場合、販促活動を行った結果、「イベントが楽しかった」という指標の報告だけで済むはずはありません。施策の結果、どれくらいのシェアや売上につながったのかが問われています。

　こうしたビジネスにおける常識は、研修においても問われているのです。

　つまり、**研修や人材開発の取り組みの成果をいかにビジネスに結びつけて示せるか**が、人材開発担当者の仕事の価値そのものでもあります。

効果測定と研修ファシリテーション

研修の効果とファシリテーション

　ここまでに見てきた「カークパトリックの４段階評価法」と、本書のテーマであるファシリテーションについて、あらためて考えておきましょう。

　まず、本書の冒頭1-1では、「話を聞くだけでは行動変容は起こらない」とお伝えしました。講義中心の研修では、うまくいけば「レベル２　（知識の）習得」までは達成できるかもしれませんが、「レベル３　行動変容」を起こすことはかなり難しいでしょう。行動変容を起こさなければ、「レベル４　成果」につなげることはできません。

　つまり、講義中心の研修によって、ビジネス上の成果を出すという研修の本来の目的を達成するのは、かなり難しいことなのです。

　本書におけるファシリテーターとは、「**ステージ脇で導く役割**」のことでした。これは、**参加者が理解し、行動に移せるように導き、促す――行動変容を促す**ことにほかなりません。「レベル３　行動変容」を起こしやすくするために、講師は、ファシリテーターとしての役割を担うことになるのです。

　ファシリテーションを行う目的をあらためて確認し、効果的な役割を担えるようにしていきましょう。

効果測定とファシリテーションのデザイン

　これまでに考えてきた４つのレベルは、研修前から意識しておく必要があることは言うまでもありません。研修終了後になって、後追いでレベル３（行動変容）やレベル４（成果）を測定しようとしても、外的要因などにより測定が難しくなるからです。

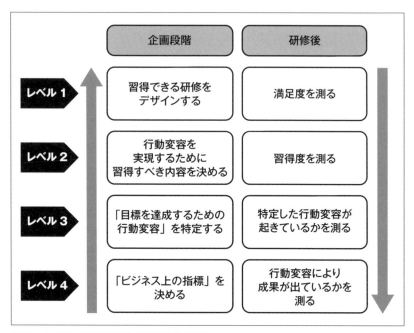

図5-2　レベル4からさかのぼって研修を企画する

　研修の企画、もしくはデザインの段階で、最初にレベル4の指標について、経営者や組織のトップと合意します。つまり、**「この研修を行うことで成果を出したい数値は何で、その具体的な目標値はどれくらいか」**を具体的に決めておくのです。

　そのうえで、目標を達成するために、**「研修参加者はどのような行動変容を起こす必要があるか」**を特定します（レベル3）。そして、そうした**行動変容を起こしてもらうための研修を企画し、デザインし、どのようにファシリテーションをしていくか**を決めていく、という流れになります。

　研修は、イベントではなくプロセスです。
　研修前の段階から、研修後の効果測定のタイミングや指標、測定方法まで計画しておきましょう。

ファシリテーションの観点から研修を振り返る

ファシリテーションの質を高める

　ここまでにご紹介してきた「カークパトリックの４段階評価法」を基本にしながら、研修を振り返っていきます。

　ファシリテーションという観点からは、とくに次の３つのポイントに関して検証し、次回以降の研修に活かすと良いでしょう。

POINT!

◎ファシリテーションの質を高めるために振り返るポイント
- ●ポイント①　時間
- ●ポイント②　成果
- ●ポイント③　プロセス

振り返りのポイント①　時間

　各ディスカッションやアクティビティにかかった時間は、研修をデザインする際に想定した時間と大きなずれはなかったでしょうか？

　研修を進めながら、各ディスカッションやアクティビティにかかった実際の時間をメモしておくことをお勧めします。研修終了後に思い出そうとしても、なかなか細かくは思い出せないものです。ディスカッションやアクティビティの都度、こまめに時間を記録しておくと、終了後の振り返りに役に立つ情報になります。

想定した時間と、実際の時間にずれがあった場合、対策として考えられるのは、大きくは次の２つです。

◎**想定時間と実際の時間にずれがあった場合の対策**

　・実際にかかった時間に合わせて、予定時間を変更する

　（例）長くかかったのであれば、次回以降の研修では割り当てる時間を増やす

　・想定した時間で進行できるように工夫する（問いかけの質を高めたり、インストラクションをよりわかりやすくしたりして、効率良く進行できないかを検討する）

　（例）口頭でアクティビティの説明をすると時間がかかり、わかりにくいため質問が出て対応をする必要が出てきてしまったりするなど、想定していた以上の時間をとられたようであれば、アクティビティの進め方を配布資料やスライドなど文章で提示することで解決できないかなどを検討する

　（例）考えが深まらず、表面的なディスカッションで早く終わってしまったようであれば、深めるための問いかけを工夫する

振り返りのポイント②　成果

　すべてのことに**目的**があります。ディスカッションにしてもアクティビティにしても、知識やスキルの習得、気づきや感情の変化など、達成したい目的があるからこそデザインされているものであるはずです。

　計画したファシリテーションは、目的を達成し、意図したような成果は得られるものだったでしょうか？

　成果が得られていれば良いのですが、そうではない場合には、デザインや当日のファシリテーションを再検証する必要があります。

　達成すべき目的を達成するために、デザインを変更すべきでしょうか？
　それともデザインは良いけれども当日の運営に課題があったのでしょうか？

　こうした視点から、ファシリテーションのデザインおよび当日の運営・実践法を振り返ってみましょう。

　ここでは、振り返りのためのフレームワークの例を紹介します。
　これらの項目について振り返りを行うことで、計画していたファシリテーションの成果はどうだったのかを評価し、次へと活かすヒントを得られるでしょう。
　ファシリテーションの質を高めていくためにも、ぜひ活用してください。

◎「手法」と「成果」を振り返る

事前計画

コンテンツ	習得目標	手法	時間（予定）

実際

コンテンツ	目標に対する達成度	手法の振り返り	時間（実際）

（記入例）

事前計画

コンテンツ	習得目標	手法	時間（予定）
販売員としてのふるまい	好印象を与えるふるまい、マイナスのイメージを与えるふるまいを整理する	過去に自分が客の立場で、印象に残っている販売員の例を挙げてもらうディスカッションの後、全体にシェア	ディスカッションに7分 全体シェアに3分

実際

コンテンツ	目標に対する達成度	手法の振り返り	時間（実際）
販売員としてのふるまい	良い事例が多くシェアされ、目標は達成できた	好印象の例と、マイナスの例を両方話し合ってもらうと時間がかかることがわかった。次回は、好印象とマイナスを分担して、効率をあげる	ディスカッションに9分 全体シェアに4分

振り返りのポイント③　プロセス

　ディスカッションやアクティビティの進め方、つまり、プロセスは参加者にとってわかりやすいものになっていましたか？

　一通りの説明を終えた後、進め方について質問が多かったようであれば、**プロセスが複雑でわかりにくいのか、それとも説明が良くなかったのか、どちらに課題があるでしょうか？**

　各ディスカッションやアクティビティについて上記のような観点からの振り返りを行い、次回以降の研修に活かすことが大切です。
　また、それとともに全体をとおしての振り返りも重要です。

　同様に、時間、成果、プロセスという観点で研修全体を振り返り、**全体としてデザインを再検討する必要はないか、デリバリーやファシリテーションの課題はないか**を検証します。
　この検証は、研修直後の記憶が新しいうちに行うことがとても有効ですが、レベル3（行動変容）の効果測定の結果が出た時に再度行うと良いでしょう。
　研修の時は参加者のみなさんの満足度が高く、実践に向けてのモチベーションが高かったようであったとしても、1カ月後、3カ月後のレベル3

（行動変容）にその成果が表れていないと意味がありません。

　レベル３（行動変容）の効果測定の結果を見て、あらためて、**目的を達成するためのデザインとして講義とアクティビティのバランスはどうなのか、ディスカッションやアクティビティがどういったインパクトを与えていて、どんなことが記憶に残り、そして実践につながっているのか**などを分析します。

　望む成果が出ていれば良いのですが、課題が残る点についてはデザインを見直したり、ファシリテーションの質の向上を図ったりしましょう。

　こうした振り返りを続けることが、研修の質を高めるとともに、講師としてのスキルアップにもつながっていきます。

　学ぶ人を支援する講師こそが学び続け、自分自身のスキル向上に励んでいきましょう。それが、研修の効果を高めること、参加者の成長に貢献すること、そして研修をとおしてビジネス上の成果を出すことへとつながっていくのです。

.

···· おわりに ·································

　最後まで読み進めていただき、ありがとうございます。

　どんな機会にも必ずと言っていいほどお伝えする、私がとても重要だと思っている3つの原則があります。研修をやりっぱなしにするのではなく、成果を出すために、とても大切なことです。それは次の3つです。

1. 課題に対して、研修を行うことが正しい選択肢であることを確認しましょう。研修は、私がとてもパッションを感じることではありますが、研修を行うこと自体が目的ではなく、成果を出すことが目的です。ですので、研修を行うという結論を出す前に、その課題に対して他の解決策も必要ではないかを必ず検討します。

　　　Ⓐシステム上の問題はないでしょうか？　設備、施設、ハード面などは目指す結果を出すことをサポートするものになっているでしょうか？　逆にそれらが阻害要因になっていないでしょうか？
　　　Ⓑ規則や業務プロセスは、目指す結果を出すサポートになっているでしょうか？　阻害要因になっていないでしょうか？
　　　Ⓒ正しい基準で採用が行えているでしょうか？　それとも不足している人員をとにかく確保することが優先で、採用した後、研修で何とかしようとしていないでしょうか？
　　　Ⓓ研修に参加して学ぶというよりも職場でのOJTやコーチングが必要であったり、そのほうが効果的であったりすることはありませんか？

2. 研修で学んだことを実践に移すための計画やしくみも準備していますか？　研修を行うこと自体が目的ではなく、研修の後に実践して成果を出してもらうことが目的です。研修はイベントではなくプロセスですので、研修前、研修中、研修後と包括的にデザインし、研修での学びを実践して成果を出してもらうことが大切です。

3. そして最後に、研修では可能な限り参加者を巻き込みます。それこそが本書でお伝えしたかったことです。本書でご紹介した内容は、みなさんがパワフルなファシリテーターになるために、私たちが効果的だと考える方法であるだけではなく、実際にこれまでに全世界で（もちろん日本も含め）15万人もの講師が学んで活用している実績のある方法です。

　私たちのゴールは、私たちから学ぶ人がエンパワーされ、インスパイアされ、そして成果を出すことです。私は、研修の目的は、参加者のみなさんが講師のすばらしさに圧倒されることではなく、参加者のみなさんが自分自身の成長や可能性にワクワクすることだと信じています。
　参加者のみなさんが、研修で得た知識にワクワクしたり、研修前にはできなかったことができるようになり、自信をつけ、職場に戻って実践しようと意気揚々としていることこそが研修を行う目的なのです。

　本書を読みながら、「これ、できそう！　使える！」と何度も言ってくださっていたことを願っています。

　さあ、次は実践です。すべてを一度に実践する必要はありません。一番自信があり、うまくいきそうなことから始めてみてください。そしてまたここに戻ってきて、次に何を実践するかを決めればいいのです。

　私が目指しているのは、常に価値を提供し、違いを生むことです。本書をとおして私と中村が、みなさんに対してそれができていることを願ってやみません。

God bless you.
Bob Pike

ボブとの共著はこれで４冊めになりました。「次も楽しみにしています！」と言ってくださる声にお応えでき、うれしく思っております。また、「持っています」「読みました」「実践しています」「やってみたら今までと全然違いました」などというみなさまの声を、心よりうれしく思っています。

　みなさまのお役に立ちたいという一心で、私もボブも執筆を続けることができています。そして今回も、私が日本語で書く原稿を全面的にサポートしてくれるボブの寛大さに、心から感謝しています。

　日本能率協会マネジメントセンターの柏原里美さんには、言語化するのが難しいと感じた内容を、今回も編集の力で大きく助けていただきました。柏原さんなしではこの本は生まれなかったと思います。ありがとうございました。

　そして毎回、思わず手に取りたくなるステキなデザインをしてくださるデザイナーの玉村幸子さん、今回もありがとうございました。「分厚いと思ったけどサクサク読めました」という感想をよくいただきます。読みやすいデザインをありがとうございます。

　そしてこちらも変わらず、私を公私ともに支えてくれている家族（夫と犬たち）に、心からの感謝の気持ちを伝えたいと思います。いつも本当にありがとう！

2020年２月　中村文子

参考文献

- 『アクション・ラーニング』（デービッド・A.ガービン著、沢崎冬日翻訳、ダイヤモンド社）
- 『企業内人材育成入門』（中原淳他著、ダイヤモンド社）
- 『クリエイティブ・トレーニング・テクニック・ハンドブック』（ロバート・パイク著、中村文子監訳、藤原るみ翻訳、日本能率協会マネジメントセンター）
- 『経営学習論』（中原淳著、東京大学出版会）
- 『研修アクティビティハンドブック』（中村文子・ボブパイク著、日本能率協会マネジメントセンター）
- 『研修開発入門～会社で「教える」、競争優位を「つくる」』（中原淳著、ダイヤモンド社）
- 『研修講師養成講座』（真田茂人著、中央経済社）
- 『研修効果測定の基本～エバリュエーションの詳細マニュアル～（ASTDグローバルベーシックシリーズ）』（ドナルド・マケイン著、霜山元翻訳、ヒューマンバリュー）
- 『研修設計マニュアル～人材育成のためのインストラクショナルデザイン～』（鈴木克明著、北大路書房）
- 『研修デザインハンドブック』（中村文子、ボブ・パイク著、日本能率協会マネジメントセンター）
- 『研修プログラム開発の基本 ～トレーニングのデザインからデリバリーまで～（ASTDグローバルベーシックシリーズ）』（サウル・カーライナー著、下山博志監修他、ヒューマンバリュー）
- 『講師・インストラクターハンドブック』（中村文子、ボブ・パイク著、日本能率協会マネジメントセンター）
- 『コンピテンシーを活用したトレーニングの基本～効率的な事業運営に役立つ研修開発の実践ガイド～（ATD/ASTDグローバルベーシックシリーズ）』（ウィリアム・ロスウェル／ジェームズ・グラバー著、平田謙次監修他、ヒューマンバリュー）
- 『職場が生きる 人が育つ 「経験学習」入門』（松尾睦著、ダイヤモンド社）
- 『すべてはあなたが選択している』（ウィル・シュッツ著、翔泳社）
- 『組織・人材開発を促進する教育研修ファシリテーター』（堀公俊／加留部貴行著、日本経済新聞出版社）
- 『組織における成人学習の基本～成人の特徴を理解し、主体的な学習を支援する～（ATD/ASTDグローバルベーシックシリーズ）』（ウィリアム・ロスウェル著、嶋村伸明翻訳、ヒューマンバリュー）
- 『ブレイン・ルール』（ジョン・メディナ著、小野木明恵翻訳、日本放送出版協会）
- 『プロ研修講師の教える技術』（寺沢俊哉著、ディスカヴァー・トゥエンティワン）

- 『ラーニング・ファシリテーションの基本 ～参加者中心の学びを支援する理論と実践～ (ATD/ASTDグローバルベーシックシリーズ)』(ドナルド・マケイン／デボラ・デイビス・トビー 著、香取一昭翻訳、ヒューマンバリュー)
- 『リーダーシップ開発の基本～効果的なリーダー育成プログラムを作る～ (ASTDグローバルベーシックシリーズ)』(カレン・ローソン著、永禮弘之監修、長尾朋子翻訳)

- 10 Steps to Successful Facilitation, 2nd Edition, Association for Talent Development, Association for Talent Development
- Brain-Based Learning: The New Paradigm of Teaching, Eric P. Jensen, Corwin
- Brain Power: Unlock the Power of Your Mind, J.Graham Beaumont , Grange Books Ltd
- Designing Brain-Compatible Learning, Gayle H. Gregory, Terence Parry, Corwin
- Evidence-Based Training Methods: A Guide for Training Professionals, Ruth Colvin Clark, AST
- Facilitation Basics, 2nd Edition, Donald V. McCain, ATD Press
- Facilitation Skills Training (ATD Workshop Series), Kimberly Devlin, Association for Talent Development
- How Learning Works: Seven Research-Based Principles for Smart Teaching, Susan A. Ambrose, Michael W. Bridges, Michele DiPietro, Marsha C. Lovett, Marie K. Norman, Jossey-Bass
- How People Learn: Brain, Mind, Experience, and School: Expanded Edition, Bransford, John D , Brown, Ann L. , and Cocking, Rodney R. Editors, National Academy Press
- How the Brain Learns 4th Edition, David A. Sousa, Corwin
- Human Learning and Memory, David A. Lieberman, Cambridge University Press
- Learner-Centered Teaching: Five Key Changes to Practice 2nd Edition, Maryellen Weimer, Jossey-Bass
- Master Trainer Handbook: Tips, Tactics, and How-Tos for Delivering Effective Instructor-Led, Participant-Centered Training
- Mind, Brain, & Education: Neuroscience Implications for the Classroom, David A. Sousa, Editor, Solution Tree
- Mind, Brain, and Education Science: A Comprehensive Guide to the New Brain-Based Teaching, Tracey Tokuhama-Espinosa, W. W. Norton &

Company
- Memory, Mind & Emotions, Ph.D. Maggie Greenwood-Robinson, Rodale Press
- Powerful Presentations Volume 1, Bob Pike, Betsy Allen
- Powerful Presentations Volume 2, Bob Pike, Betsy Allen
- Soundtracks for Learning: Using Music in the Classroom, Chris Boyd Brewer, LifeSounds Educational Services
- A Taxonomy for Learning, Teaching, and Assessing, : A Revision of Bloom's Taxonomy of Educational Objectives, Complete Edition, Lorin W. Anderson, Addison Wesley
- Teaching to the Brain's Natural Learning Systems, Barbara K. Given, Association for Supervision & Curriculum Development
- Ten Best Teaching Practices: How Brain Research and Learning Styles Define Teaching Competencies, Donna E. Walker Tileston, Corwin
- The Great Memory Book, Karen Markowitz , Eric P. Jensen, Corwin
- The Jossey-Bass Reader on the Brain and Learning, kurt W. Fischer editor, Jossey-Bass
- The Learning Brain : Lessons for Education, Sarah-Jayne Blakemor, Uta Frith, Blackwell
- The New Science of Learning: How to Learn in Harmony With Your Brain, Terry Doyle, Todd Zakrajsek, Stylus Publishing
- The Working Memory Advantage, Tracy Alloway, Ross Alloway, Simon & Schuster
- Tuning the Human Instrument: An Owner's Manual, Steven Halpern, Spectrum Research Institute
- Unlimited Memory: How to Use Advanced Learning Strategies to Learn Faster, Remember More and be More Productive, Kevin Horsley, TCK Publishing
- Use Both Sides of your Brain, Tony Buzan, Plume

●中村文子

ダイナミックヒューマンキャピタル株式会社　代表取締役
ボブ・パイク・グループ認定マスタートレーナー

神戸市外国語大学を卒業。P&G、ヒルトンホテルにて人材・組織開発を担当後、
2005年にダイナミックヒューマンキャピタルを設立。クライアントは製薬、
電機メーカー、保険・金融、ホテル、販売・サービス業、さらには大学・学校
と多岐にわたる。「世の中から、退屈で身にならない研修を減らす」ことをミ
ッションに、講師・インストラクター・社内講師養成、研修内製化支援に注力。
教育制度構築、階層別研修、コミュニケーションスキル研修などの分野でも活
動中。著書に『講師・インストラクターハンドブック』『研修デザインハンド
ブック』『研修アクティビティハンドブック』（いずれも日本能率協会マネジメ
ントセンター）、「SCORE! SuperClosers, Openers, Revisiters, Energizers Vol.
3」（共著、Creative TrainingProductions LLC）。

●ボブ・パイク　Bob Pike

ボブ・パイク・グループ創設者・元会長

「参加者主体」の研修手法についての著書『クリエイティブ・トレーニング・
テクニック・ハンドブック　第3版』（日本能率協会マネジメントセンター刊、
現「Master Trainer Handbook」）は講師養成の分野でのベストセラー。ほか
にも20冊以上の著書をもつ。「参加者主体」の研修手法は全世界30か国以上で
12万人以上が受講している。アメリカで優れたスピーカーに与えられる称号
CSP（Certified Speaking Professional）をもち、人材開発の世界的機関ATD
（Association for Talent Development）ではレジェンダリー・スピーカーと
して称えられている。人材開発、講師養成の分野で50年の経験をもち、2007
年には、人材育成分野でもっとも影響を与えたリーダーに贈られる賞を受賞し
ている。

校正：佐々木章子

研修ファシリテーションハンドブック

2020年3月30日　　　初版第1刷発行
2024年5月25日　　　　第3刷発行

著　　者——中村文子、ボブ・パイク
　　　　　　　©2020 Ayako Nakamura, Bob Pike
発 行 者——張 士洛
発 行 所——日本能率協会マネジメントセンター
〒103-6009　東京都中央区日本橋 2-7-1 東京日本橋タワー
TEL　03(6362)4339(編集)／03(6362)4558(販売)
FAX　03(3272)8127(編集・販売)
https://www.jmam.co.jp/

装丁、本文デザイン——玉村幸子
ＤＴＰ————株式会社明昌堂
イラスト————玉村幸子
印 刷 所————広研印刷株式会社
製 本 所————株式会社三森製本所

ISBN 978-4-8207-2780-4　C2034
落丁・乱丁はおとりかえします。
PRINTED IN JAPAN

講師・インストラクター ハンドブック
効果的な学びをつくる参加者主体の研修デザイン

中村文子著、ボブ・パイク著

- ◉ 誰かに何かを「教える」立場にあるすべての人へ
- ◉ 退屈な研修を実践的な学びに変える！
- ◉ 講師・インストラクターに必要なスキルを網羅

世界30カ国15万人が学んだ「参加者主体の研修手法」をベースに、学習効果を最大化させるために必要な知識・スキル（インストラクショナルデザイン、デリバリー、ファシリテーションのテクニック）を紹介します。

A5判336頁

日本能率協会マネジメントセンター